北京市社会科学基金青年项目"京津冀绿色金融协同发展的经济效应和提升机制研究"（项目编号：18YJC027）
北京工商大学"数字经济与首都发展创新中心建设"

U0620547

京津冀

绿色金融协同发展的经济效应和提升机制研究

张　琳◎著

RESEARCH ON THE ECONOMIC EFFECT AND
ENHANCEMENT MECHANISM OF
BEIJING-TIANJIN-HEBEI GREEN FINANCE SYNERGISTIC DEVELOPMENT

经济管理出版社
ECONOMY & MANAGEMENT PUBLISHING HOUSE

图书在版编目（CIP）数据

京津冀绿色金融协同发展的经济效应和提升机制研究/张琳著.—北京：经济管理出版社，2023.9

ISBN 978-7-5096-9352-0

Ⅰ.①京…　Ⅱ.①张…　Ⅲ.①金融业—绿色经济—研究—华北地区　Ⅳ.①F832.72

中国国家版本馆 CIP 数据核字 (2023) 第 193161 号

组稿编辑：曹　靖
责任编辑：郭　飞
责任印制：许　艳
责任校对：陈　颖

出版发行：经济管理出版社
　　　　　（北京市海淀区北蜂窝 8 号中雅大厦 A 座 11 层　100038）
网　　址：www. E-mp. com. cn
电　　话：(010) 51915602
印　　刷：唐山昊达印刷有限公司
经　　销：新华书店
开　　本：720mm×1000mm/16
印　　张：13
字　　数：241 千字
版　　次：2024 年 1 月第 1 版　　2024 年 1 月第 1 次印刷
书　　号：ISBN 978-7-5096-9352-0
定　　价：88.00 元

前　言

　　京津冀协同发展是涵盖北京、天津和河北的两市一省的区域发展战略，是实现京津冀优势互补、促进环渤海经济区发展、带动中国北方腹地发展的重大国家战略。由于京津冀地区目前存在着区域内发展不平衡、环境污染严重、资源和环境承载能力较差等问题，在强调京津冀协同发展的同时，还必须坚持绿色发展理念。京津冀绿色发展过程涉及疏解非首都功能、交通一体化建设、生态环境保护和产业升级转移四大重点领域，各领域均需要绿色金融提供大力支持。同时，环境问题的空间溢出特征和区域间绿色资源分布不均衡特征要求京津冀协同发展绿色金融。环境污染具有负外部性，如果周边地区绿色金融发展滞后，单个地区绿色金融发展效果将大打折扣。不同地区绿色资金供给能力和绿色项目融资需求存在差异，协同发展能够提高资源配置效率，但目前京津冀绿色金融发展协同度较低，存在绿色金融政策协调不充分、三地资金项目对接不足等问题。在此背景下，本书意在研究如下问题：京津冀绿色金融协同发展水平如何？京津冀绿色金融协同发展具有怎样的经济效应？如何提升京津冀绿色金融协同发展水平？

　　围绕要研究的三个关键问题，本书主要包括以下几方面内容：第一，从宏观层面和微观层面进行绿色金融协同发展的理论分析。包括绿色金融发展理论、金融协同发展理论、区域绿色金融协同发展的理论分析。第二，从多维度、多层面分析京津冀绿色金融发展现状。本书分析了全国不同地区绿色金融各维度的发展情况和特征，明确了京津冀绿色金融发展在全国处于何种水平以及京津冀三地绿色金融发展差异。第三，构建绿色金融指数，综合反映绿色金融发展水平。本书构造了三级绿色金融指标体系，底层指标为 8 个反映不同维度绿色金融发展情况的具体变量。总体而言，2015 年后绿色金融发展加快、地区差异增加，北京明显高于天津和河北两地。第四，结合定量测度、定性分析研究京津冀绿色金融协同现状和问题，并从制度因素、经济因素、技术因素三个方面分析了制约京津冀绿色金融协同发展的因素。第五，基于绿色经济效率视角分析绿色金融协同的经济效应。我们发现绿色金融发展能够显著提升绿色经济效率，绿色金融对绿色经济效率的提升作用具有空间溢出特征。

本书丰富了京津冀绿色金融和金融协同领域的研究。首先，为评估京津冀绿色金融发展水平提供指南。本书从绿色信贷、绿色债券、绿色股票、绿色基金、绿色保险、碳金融六个维度分析地区绿色金融发展，并构建了综合反映绿色金融发展水平的绿色金融指数。一方面明确了京津冀绿色金融在全国的发展水平，另一方面明确了京津冀三地绿色金融发展的差异情况。其次，为明确京津冀绿色金融协同情况提供参考。本书通过分析京津冀地区绿色金融指数的空间相关性特征，反映京津冀绿色金融的集聚特征和溢出效应，结果显示京津冀绿色金融协同程度不高。对京津冀绿色金融协同政策和实践的分析显示，目前已涌现出一批京津冀绿色金融协同的典型案例，不过尚缺乏京津冀绿色金融协同的整体战略规划。最后，为推动京津冀绿色金融协同发展提供依据。本书通过建立空间杜宾模型，实证检验了地区绿色金融发展对绿色经济效率的影响，发现地区绿色金融发展对其他地区具有正外部性，京津冀应协同发展绿色金融。

本书还为提升京津冀绿色金融协同发展提供了对策和建议。在顶层设计方面，需要地方政府在组织设置、战略规划、机制安排方面做好战略规划，并围绕金融机构的需求，通过激励政策增加绿色金融供给。金融机构可以通过设置京津冀绿色金融业务平台等完善绿色金融同业合作机制。此外，还应推动金融市场创新支持京津冀绿色金融协同。在利益协调方面，综合利用财政金融手段，"内部化"环境效益，提高绿色金融业务的收益，协同参与方共享利益；健全绿色金融规则标准，构建信息分享渠道，促进绿色债券市场发展，降低金融机构业务成本、信息成本、资金成本。在技术保障方面，通过加强环境信息披露、建立数据共享机制和环境气候信息平台、统一绿色金融标准体系、构建京津冀绿色项目库、重视绿色金融科技的应用等为顺利推进京津冀绿色金融协同发展提供技术保障。

尽管笔者对书稿进行了多次修改，但书中肯定还有许多不足和疏漏之处，恳请读者朋友批评指正。

目　录

第一章 绪论

第一节 研究背景和问题

京津冀协同发展具有重要意义。京津冀协同发展（Coordinated Development of the Beijing-Tianjin-Hebei Region，BTH Coordinated Development）是涵盖北京、天津和河北的两市一省的区域发展战略，是实现京津冀优势互补、促进环渤海经济区发展、带动中国北方腹地发展的重大国家战略。2014年2月26日，习近平总书记就推进京津冀协同发展发表重要讲话，标志着京津冀协同发展上升为国家战略。2015年4月30日，中共中央政治局召开会议审议通过了《京津冀协同发展规划纲要》，指出京津冀协同发展战略的核心是有序疏解北京非首都功能，调整经济结构和空间结构，走出一条内涵集约发展的新路子，探索出一种人口经济密集地区优化开发的模式，促进区域协调发展，形成新增长极。

绿色发展是京津冀协同发展的鲜明导向。由于京津冀地区目前存在着区域内发展不平衡、环境污染严重、资源和环境承载能力较差等问题，在强调京津冀协同发展的同时，还必须坚持绿色理念，实现绿色发展，即实现京津冀绿色协同发展。2020年，碳达峰、碳中和目标愿景的提出，彰显了中国加速推进绿色发展的坚定决心，同时也为京津冀区域绿色发展带来新机遇。习近平总书记指出，"十四五"时期，我国生态文明建设进入了以降碳为重点战略方向、推动减污降碳协同增效、促进经济社会发展全面绿色转型、实现生态环境质量改善由量变到质变的关键时期。立足碳达峰、碳中和目标愿景，通过在京津冀地区广泛深入开展碳排放达峰行动，必将加快推进区域产业结构、能源结构、交通运输结构、用地结构绿色转型，推动形成绿色生产生活方式，实现减污降碳协同增效。

京津冀绿色发展需要绿色金融支持。京津冀绿色发展过程涉及疏解非首都功能、交通一体化建设、生态环境保护和产业升级转移四大重点领域，各领域任务涉及面广、投资需求大，建设周期长。从效果来看，各项任务均有利于经济社会的绿色可持续发展，因此需要绿色金融从资金和综合金融服务方面提供大力支持。一方面，绿色金融将绿色环保的理念引入到金融领域中，通过政策、产品和机构等多个角度激励和约束金融机构直接参与绿色项目融资，并通过财政与金融的杠杆作用，吸引更多的社会资本进入绿色领域。另一方面，绿色金融可以通过鼓励风险投资和私募股权基金的发展，为绿色技术创新提供新的融资机会，不仅可以解决科技成果转化过程中的融资难题，而且可以通过风险投资等金融中介，将各种经济资源整合起来，提高要素使用效率，从而分散绿色技术创新的风险。

京津冀需要协同发展绿色金融。环境问题的空间溢出特征和区域间绿色资源分布不均衡特征要求京津冀协同发展绿色金融。环境污染具有负外部性，如果周边地区绿色金融发展滞后，单个地区绿色金融发展效果将大打折扣。不同地区绿色资金供给能力和绿色项目融资需求存在差异，协同发展能够提高资源配置效率。北京市积极倡导绿色金融协同发展。2017年9月，北京市金融工作局印发的《关于构建首都绿色金融体系的实施办法》中明确指出，要深化京津冀绿色金融区域协同合作。一些金融机构已经开展绿色资金三地协同配置，如华夏银行建立京津冀三地分行联席会议制度，将"京津冀大气污染防治融资创新"项目资金配置于北京、天津、河北各地。但总体而言，京津冀绿色金融发展协同度较低，存在绿色金融政策协调不充分、三地资金项目对接不足等问题。

在此背景下，本书意在研究如下问题：京津冀绿色金融协同发展水平如何？京津冀绿色金融协同发展具有怎样的经济效应？如何提升京津冀绿色金融协同发展水平？

第二节 研究内容、思路和方法

一、研究内容

围绕研究的三个关键问题，本书主要包括以下五方面内容：

第一，绿色金融协同发展的相关理论。一是绿色金融发展的理论，在宏观层面，借助经济可持续发展理论为绿色金融发展提供理论支撑；在微观层面，借助社会责任理论、环境风险管理理论、外部性理论和权衡理论分析金融机构开展绿色金融的动因和制约因素。此外，还通过构建动态资产配置模型从发展眼光和长期视角分析金融机构发展绿色金融的驱动机制。二是金融协同发展的理论，在宏观层面，借助经济增长模型分析金融一体化的积极效应和消极影响，并指出相比国别层面的金融一体化，地区间的金融协同更多显现的是积极效应，为区域金融协同提供理论支撑；在微观层面，借助资产配置模型分析本外地资产的收益和风险特征如何影响跨区经营金融机构的风险水平，从而为微观金融机构参与区域金融协同提供理论基础。三是区域绿色金融协同发展的理论分析。通过绿色金融和金融协同理论可知，资产的收益风险特征是影响区域绿色金融协同决策的关键因素，因此需要明确绿色金融业务独特的收益和风险特征。

第二，绿色金融发展现状分析和综合指数构建。分析区域绿色金融协同首先需要掌握不同地区绿色金融发展现状，更高的绿色金融发展水平更容易产生溢出效应和实现地区间协同。绿色金融又分为不同的维度，包括但不限于绿色信贷、绿色债券、绿色股票（含股指）、绿色基金、绿色保险、碳融资等。本书分析了全国不同地区绿色金融各维度的发展情况和特征，明确了京津冀绿色金融发展在全国处于何种水平、京津冀三地绿色金融发展的差异。此外还构造了绿色金融指数、综合各维度信息来反映区域绿色金融发展总体水平。

第三，绿色金融协同程度测度和现状分析。在了解区域绿色金融发展现状后，下一个问题就是不同地区绿色金融协同发展程度如何？是协同发展、共同进步，还是各自为政、天差地别？绿色金融协同需要政府政策层面的激励和金融机构层面的实践，那么绿色金融协同有哪些相关政策，金融机构又是如何践行绿色金融协同理念的？为回答这些问题，我们试图利用绿色金融综合指数分析绿色金融协同程度，并梳理京津冀绿色金融协同发展的有关政策和金融机构在推动京津冀绿色金融协同发展中的典型案例和做法，以及分析京津冀绿色金融协同发展的障碍因素。

第四，空间视角下绿色金融对绿色经济效率的影响分析。推动绿色金融协同发展是为了更好地配置金融资源支持地区绿色经济转型发展。因此我们选取绿色经济效率这一视角分析绿色金融协同的经济后果，不仅分析当地绿色金融发展对当地绿色经济效率的影响，还考察了当地绿色金融发展对其他地区绿色经济效率的溢出效应，从而为地区间协同发展绿色金融提供参考和依据。

第五，京津冀绿色金融协同发展的提升机制分析。京津冀绿色金融协同发展需要政府部门和金融机构共同努力。我国绿色金融更多是由政府政策推动的，而区域金融协同发展更需要政府部门的协调，因此需要分析政府部门如何完善绿色金融协同机制；金融机构也涉及跨区运营，也需要分析金融机构如何完善绿色金融同业合作机制。京津冀绿色金融协同中涉及各利益相关方的成本分摊、风险分担、利益分享，需要分析绿色金融的提收益、减成本、降风险机制。最后，还需要从技术层面为绿色金融资源的流动提供便利条件。

二、研究思路

本书按照梳理绿色金融协同的相关文献和理论，从多维度分析京津冀绿色金融政策和发展现状、构建绿色金融指数综合反映绿色金融发展水平、梳理京津冀绿色金融协同的典型案例、分析京津冀绿色金融协同的障碍因素、利用空间计量模型分析绿色金融和绿色经济效率的关系的思路开展研究，最后梳理主要研究结果，并提出了相应的政策建议。本书的研究思路如图1-1所示。

三、研究方法

第一，数理建模的方法。在理论分析部分，一方面基于投资组合理论，构建了金融机构的资产配置模型，一是分析金融机构在绿色资产和棕色资产间的配置行为，二是分析金融机构在本地资产和外地资产间的配置行为，从而揭示金融机构开展绿色金融以及跨区经营的动机和影响因素，为从微观金融机构层面分析绿色金融协同提供了理论支撑。另一方面基于经济增长模型揭示了金融一体化对地区资本流动、资金成本、风险分担的积极影响和消极影响，为从宏观经济发展层面分析绿色金融协同提供了理论支撑。

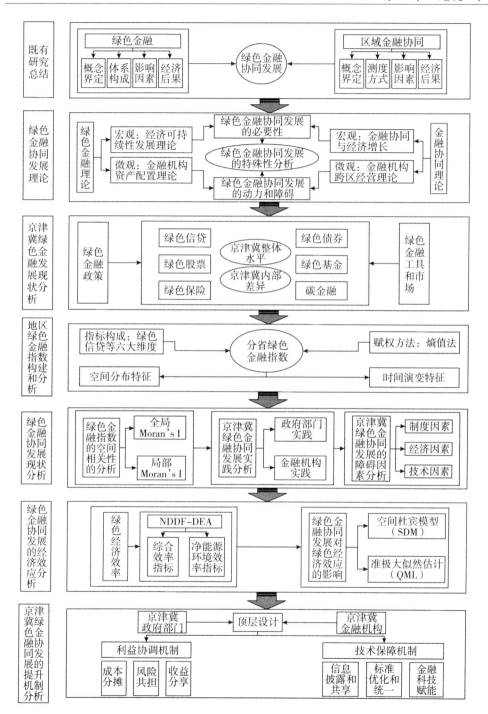

图 1-1 本书的研究思路

第二，熵值法。为综合反映地区绿色金融发展情况，本书构造了绿色金融指数。绿色金融指标体系包括绿色信贷、绿色债券、绿色股票、绿色私募基金和碳金融五个方面，共三级指标。本书在对不同指标赋权时采用了熵值法。熵值法旨在根据各评价指标值之间的差异度来对其进行赋权，是目前客观赋权法中的主要方法。

第三，案例分析法。在分析京津冀绿色金融协同现状时，本书选取了一些典型案例，包括"京绿通"专项再贴现产品、华夏银行的京津冀碧水蓝天基金和大气污染防治融资项目、邮政储蓄银行开展绿色金融助推京津冀产业升级的具体做法，从而更直观和具体地展现了金融机构如何参与京津冀绿色金融协同。

第四，数学规划方法。在测度绿色经济效率时，我们基于非径向方向距离函数 NDDF 模型，利用数学规划方法进行测度。绿色经济效率包括综合效率和能源环境效率，综合效率考虑了资本、劳动和能源三种投入变量的变化，能源环境效率考虑了在资本和劳动投入保持不变的情况下，能源投入和非合意产出最大可缩减的比例以及合意产出最大可扩大的比例。将所有投入和产出纳入目标函数与约束条件，可以通过线性优化过程求解非径向方向距离函数。

第五，空间计量分析方法。一是借助莫兰指数 I 分析了全国以及京津冀地区绿色金融和绿色经济效率的空间自相关特征。二是借助空间杜宾模型实证检验地区绿色金融发展对绿色经济效率的影响效应，并考察绿色金融对绿色经济效率的提升作用是否具有空间溢出特征，从而为地区间协同发展绿色金融提供经验支持。

第三节　研究特色和价值

一、研究特色

第一，从多维度、多层面分析区域绿色金融发展现状。相比既有文献，本书对全国绿色金融特别是京津冀地区的发展现状阐述得更为细致全面。一方面，我们通过搜集大量数据资料，分别从绿色信贷、绿色债券、绿色股票、绿色基金、绿色保险、碳金融六个维度分析绿色金融发展现状，每个维度也都展开了细致分析。在绿色信贷方面，本书不仅分析了绿色信贷总量的变化，还分析了不同用途、行业、领域的绿色信贷情况。在绿色债券方面，本书描述了绿色债券总量、品种结构、发行期限、发行利率等属性特征。在绿色股票方面，本书分析了绿色股票的区域分布、行业类别、产权性质、融资数量等情况。在绿色基金方面，本书分别分析了绿色公募基金和绿色私募基金的数量、规模、类型、成立年限、地域分布等特征。在绿色保险方面，本书以环境责任险和农业保险为代表进行描述，分析了环境责任险的投保情况、产品数量、销售地区；农业保险的收支情况和赔付率。在碳金融方面，本书分析了我国碳市场发展情况，包括成交量、碳价走势等信息；还分析了碳市场对碳金融工具的应用情况以及碳交易所开展的碳金融业务。另一方面，我们涉及的区域较广，分析了除港澳台和西藏地区以外我国30个省份的绿色金融发展情况，明确了京津冀在全国绿色金融发展中的水平位置，同时也展示了京津冀三地的发展差异。

第二，构建绿色金融指数，综合反映绿色金融发展水平。在数据可得性和指标合理性的条件下，我们构造了较为完备的绿色金融指标体系。一级指标为绿色金融发展水平，二级指标包括绿色信贷、绿色债券、绿色股票、绿色私募基金和碳金融，三级指标包括六大高耗能产业利息支出占比、重污染行业上市公司借款占比、绿色债券发行额占比、绿色债券融资成本、绿色股票市值占比、绿色股票股权融资占比、绿色私募基金数量占比、地区碳排放强度。在绿色金融指标体系的基础上，本书利用熵值法构造了2010~2020年我国30个省份（不含港澳台和西藏地区）的绿色金融指数，从横截面维度分析了地区绿色金融发展水平差异，从时间维度分析了绿色金融发展水平的变化趋势。

第三，结合定量测度、定性分析研究京津冀绿色金融协同现状和问题。既有文献对京津冀绿色金融和金融协同问题均有所研究，但是对绿色金融协同研究较少，更是缺乏定量分析。本书设定了不同类型的空间权重矩阵，利用莫兰指数分析全国地区绿色金融指数的空间相关性特征，利用局部莫兰指数分析京津冀地区绿色金融指数的空间相关性特征，从而从侧面反映不同地区绿色金融发展的协同水平。此外，我们还梳理了京津冀绿色金融协同的相关政策以及京津冀绿色金融协同发展的典型案例，从而更具体地显现京津冀绿色金融协同的现状。最后，我们从制度因素、经济因素、技术因素三方面分析了京津冀绿色金融协同的制约因素。

第四，基于绿色经济效率视角分析绿色金融协同的经济效应。绿色金融直接服务于绿色经济发展，因此本书从绿色经济效率视角研究绿色金融协同的经济后果。绿色经济效率源于经济效率，却又高于经济效率，是一种包含了环境因素的全要素生产效率，需综合考虑资源、环境投入与非期望产出，可以全面反映经济活动的能源消耗和环境污染代价。绿色经济效率充分体现了经济持续增长和资源环境节约共赢的理念，旨在追求人与自然和谐、经济增长与环境保护融合、经济效益、社会效益及生态效益最大化的社会发展方式。本书利用空间计量模型分析绿色金融对绿色经济效率的影响，从而为绿色金融协同发展提供经验证据。

第五，系统分析了京津冀绿色金融协同的顶层设计机制、利益协调机制和技术保障机制。在顶层设计方面，需要地方政府做好绿色金融协同发展的战略规划、完善绿色金融协同发展的激励政策，金融机构完善绿色金融同业合作机制。在利益协调方面，京津冀绿色金融协同水平与绿色金融的收益、成本和风险密切相关，可以提高绿色金融业务的收益、减少绿色金融业务的成本、降低绿色金融业务的风险，更好地实现各利益相关方的成本分摊、风险分担、利益分享。在技术保障方面，通过加强环境信息披露、建立数据共享机制和环境气候信息平台、统一绿色金融标准体系、构建京津冀绿色项目库、重视绿色金融科技的应用，为绿色金融业务的跨区运营扫除技术障碍、提供更多便利。

二、研究价值

第一，为评估京津冀绿色金融发展水平提供指南。本书从绿色信贷、绿色债券、绿色股票、绿色基金、绿色保险、碳金融六个维度分析地区绿色金融发展情况，并构建了综合反映地区绿色金融发展水平的绿色金融指数。一方面明确了京津冀绿色金融在全国的发展水平，另一方面明确了京津冀三地绿色金融发展的差异情况。

第二，为明确京津冀绿色金融协同情况提供参考。本书通过分析京津冀地区绿色金融指数的空间相关性特征，反映京津冀绿色金融的集聚特征和溢出效应，结果显示京津冀绿色金融协同程度不高。对京津冀绿色金融协同政策和实践的分析显示，目前已涌现出一批京津冀绿色金融协同的典型案例，不过尚缺乏京津冀绿色金融协同的整体战略规划，此外，京津冀绿色金融协同还面临制度、经济、技术三方面制约因素。

第三，为推动京津冀绿色金融协同发展提供依据。本书通过建立空间杜宾模型，实证检验了地区绿色金融发展对绿色经济效率的影响，发现绿色金融发展能够显著提升绿色经济效率；绿色金融对绿色经济效率的提升作用具有空间溢出特征。说明地区绿色金融发展对其他地区具有正外部性，因此地区间应协同发展绿色金融。

第四，为提升京津冀绿色金融协同发展提供对策。在顶层设计方面，需要地方政府做好绿色金融协同发展的战略规划、完善绿色金融协同发展的激励政策，金融机构完善绿色金融同业合作机制。在利益协调方面，需要安排好各利益相关方的成本分摊、风险分担、收益分享。在技术保障方面，需要加强环境信息披露、建立数据共享机制和环境气候信息平台、统一绿色金融标准体系、构建京津冀绿色项目库、重视绿色金融科技的应用。

第二章 文献综述

第一节 绿色金融相关研究

一、绿色金融的概念界定

(一) 绿色金融的定义

在不同时期，绿色金融的内涵有所不同。20 世纪末，国际社会加大了对气候变化问题的关注，此时绿色金融与气候金融、碳金融相互替代。21 世纪初期，联合国环境署下辖的金融行动机构将绿色金融与绿色投资区分开。2016 年 9 月，G20 绿色金融研究小组将"绿色金融"定义为：能够产生环境效益以支持可持续发展的投融资活动。

2016 年 8 月，中国人民银行等七部委共同印发《关于构建绿色金融体系的指导意见》，将绿色金融界定为：支持环境改善、应对气候变化和资源节约高效利用的经济活动，即对环保、节能、清洁能源、绿色交通、绿色建筑等领域的项目投融资、项目运营、风险管理等所提供的金融服务。

(二) 绿色金融相关概念辨析

绿色金融、可持续金融、气候金融、转型金融等词汇都与环境问题相关，因此也常常被混用，辨析上述概念的区别有助于更好地理解绿色金融。其中：

第一，可持续金融来自可持续发展概念，在欧美国家已经有几十年的发展历史，整体来看，可持续金融与社会责任投资的理念相一致，指在金融中加入了环境和社会的考虑因素。相比之下，绿色金融更加强调可持续概念中与环境相关的部分。

第二，气候金融的概念源于应对气候变化挑战的理念，从联合国应对气候变化框架公约中关于资金机制的谈判中衍生而来（王遥，2013），主要以财政资金等公共资金为主要对象，相较于绿色金融而言范围更狭窄。按照 G20 绿色金融研究小组的定义，绿色金融的概念除包括所有广义气候金融活动之外，还包括减缓和应对温室气体排放活动之外的内容，例如，大气污染、水污染、土壤污染等环境问题。整体来看，我国对于绿色金融概念的使用较为广泛，欧美发达国家市场更加重视可持续金融概念。

第三，转型金融更强调支持碳密集、高环境影响经济活动向低碳和零碳过渡。业内普遍认为，绿色金融包含转型金融。北京绿色可持续发展研究院高级研究员饶淑玲认为，之前绿色金融关注的是直接能产生正向环境效益的绿色企业或绿色项目，属于绿色金融 1.0。当前绿色金融不仅要继续关注绿色产业，还要重点支持棕色产业将其绝对碳排放降至最低甚至为零，属于绿色金融 2.0。

二、绿色金融的体系构成

（一）绿色金融体系的参与方

根据马骏（2017）主编的《国际绿色金融发展与案例研究》中的表述，绿色金融的主要参与方包括国际组织、政府机构、政策性金融机构、商业性金融机构和第三方机构（见图 2-1）。

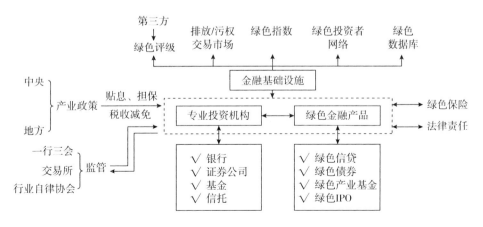

图 2-1 绿色金融体系构架

国际组织主要定位于可持续投资，大致可分为综合性组织和特定领域组织，主要作用是推动环境领域的合作，推广可持续金融理念以及牵头制定与可持续金融相关的标准和政策。综合性组织包括联合国全球契约组织（UNGC）、联合国支持的负责任投资原则组织（UNPRI）、联合国环境规划署金融倡议组织（UN-EPFI）等。特定领域组织主要针对环境/气候领域，包括气候相关财务信息披露工作组（TCFD）、"气候行动 100+"计划（Climate Action 100+）等。

政府机构主要负责制定绿色金融相关的法律体系，同时通过政府补贴、税收优惠和降低融资成本等激励机制支持绿色金融。

政策性金融机构往往以政府背景作为依靠推动绿色金融发展，政策性银行是最为常见的主体，如德国复兴信贷银行和英国绿色投资银行等。

商业性金融机构是推动绿色金融的市场化主体，国际上一些大型商业性金融机构，例如，花旗银行、瑞银集团等已经将可持续金融作为未来长期的重要战略。

第三方机构主要包括评级机构、数据服务机构、指数公司等量化市场表现的主体。多元化的金融机构和绿色金融业务有助于满足处于不同生命周期企业的融资需求。

（二）绿色金融的主要工具

1. 绿色信贷

绿色信贷广义来说是一种信贷管理理念，即商业银行的信贷资金更多流向环保低碳项目，从环境污染项目退出，从而促进生态环境保护和经济社会可持续发展。

2. 绿色债券

绿色债券是指专门用来为气候或环境项目筹集资金的债务证券。近年来，绿色债券在债券种类、发行主体、发行规模、发行范围以及相关标准等多方面不断完善。

3. 绿色保险

绿色保险是指环境污染、巨灾或天气风险保障等绿色保险产品，还包括为绿色能源、绿色交通、绿色建筑等领域提供风险保障的产品。

4. 碳金融

狭义的碳金融就是把碳排放权（排放配额）及其衍生产品当作商品进行交易的制度。广义的碳金融还包括碳银行、碳基金、碳保险、碳信用等机构投资者对传统金融活动的改造升级。

5. ESG 投资

投资者对企业环境、社会、治理（ESG）的关注日益加强。在 ESG 产品设计上，国际资管公司普遍采取的方式是考虑 ESG 相关风险并进行 ESG 整合，形成符合可持续发展理念的 ESG 产品。

三、绿色金融的评价体系

为有效评价区域绿色金融发展的情况，研究机构开发了多个各具特色的绿色金融相关指数，其中包括中央财经大学绿色金融国际研究院开发的国内各地区年度绿色金融发展指数、英国智库 Z/Yen 和非营利组织 Finance Watch 合作开发全球绿色金融指数以及国内外诸多学者构造的绿色金融发展指标体系。

（一）地方绿色金融发展指数

地方绿色金融发展指数体系由中央财经大学绿色金融国际研究院开发。该指标体系客观评价各省份绿色金融发展程度，反映地方政府政策推动措施的力度、各省份绿色金融市场效果形成的情况。该指标主要分为两个大维度，第一为（政府）政策推动具体措施，其中包括省级整体性政策推动、市县级政策推动、提出或引入实质性激励约束政策、提供便利市场主体的措施等 7 个二级指标；第二为（市场）绿色金融政策实施成果，其中包括银行领域、证券领域、基金与 PPP 领域等 7 个二级指标；二级指标下的三级指标能够用实际数据度量，为指标体系的最低级指标（见表 2-1）。

表 2-1　地方绿色金融发展指数指标体系概览

一级指标	二级指标及下属的三级指标举例
（政府）政策推动具体措施	省级整体性政策推动情况，例如是否发布省级综合指导文件、绿色金融专项规划文件，是否召开政府专题工作会议，以及国家和地方绿色金融改革创新试验区试点建设状况等
	市县级政策推动情况，例如，是否发布市级、县级综合指导文件，是否与市场主体开展战略合作等
	提出或引入实质性激励约束政策情况，例如，是否对绿色信贷或债券进行贴息和资金奖励等
	提供便利市场主体的措施情况，例如，是否已建设绿色金融小镇等大型配套设施、绿色项目信息共享平台等信息化基础设施
	推进能力建设情况，例如，是否建立地方绿色金融专业协会、举办培训活动的数量等

一级指标	二级指标及下属的三级指标举例
（政府） 政策推动具体措施	政府投资情况，例如，地方政府在节能环保、生态治理中的投资额及其占比等
	风险预警与应对情况，例如，是否建立金融风险预警及防范机制等
（市场） 绿色金融政策实施成果	银行领域情况，例如，已加入赤道原则等国际倡议的银行数量、绿色银行分支行挂牌状况、绿色信贷余额等
	证券领域情况，例如，发行贴标绿色债券数量及规模、已有上市环保企业数量、企业 ESG 评价结果等
	基金与 PPP 领域情况，例如，私募绿色基金数量、入库绿色 PPP 项目数量等
	保险领域情况，例如，绿色保险已上市险种数量、环境污染责任保险覆盖情况等
	环境权益领域情况，例如，碳排放权交易量，用能权、排污权、水权交易开展状况等
	绿色信托情况，例如，开展绿色信托机构数量、存续绿色信托产品数量等
	合作交流情况，例如，加入 UN PRI、绿色金融专业委员会等国际、国内倡议的机构数量等

资料来源：中央财经大学绿色金融国际研究院。

（二）全球绿色金融指数（GGFI）

随着绿色可持续发展理念的深入，全球各金融中心在发展绿色金融、助力低碳经济转型方面有哪些实践以及相对表现如何，这需要一个评价体系来给出答案。2018 年 3 月，英国智库 Z/Yen 和非营利组织 Finance Watch 合作开发并正式发布了全球绿色金融指数（Global Green Finance Index，GGFI），该指数基于分布在全球 100 余个金融中心金融专业人士的问卷调查，并结合多个工具因子测度而得出。该指数每半年发布一次，可以反映绿色金融在全球金融中心的渗透深度以及绿色金融业务的发展质量。在问卷调查方面，GGFI 主要从质量和深度两个层面，通过专业人士的打分，对世界各金融中心绿色金融的发展情况作出评价。就绿色金融在金融体系中的渗透深度而言，参与者可以在 10 分制下进行打分，对应的程度从极少渗透、较差渗透到主流发展、完全渗透等；就绿色金融发展的质量看，问卷受访者则可以对绿色金融业务的体量打分。问卷调查之外，GGFI 评价体系还结合现有的工具因子进行打分。工具因子一般从可持续性、基础设施、人力资本和商业四个方面去筛选，每个方面又有各自的内涵，如可持续性可能就包含绿色金融活动、环境与生物多样性等（见表 2-2）。在最新的 GGFI 4 报告中，工具因子数量已经达到了 132 个。值得注意的是，GGFI 的评估模型还就这四个领域对各金融中心的表现单独评分，以全面评估各金融中心的表现。通过对各金融中心绿色金融发展表现的排名，可以在各金融中心间产生比较，从而驱动政策制定者们更加关注绿色增长，同时为各金融中心金融系统结构的重塑提供协助，以达成可持续发展目标。另外，GGFI 的评价往往也具有前瞻性，它对国际政策环境和金融服务市场的变化具有较高的敏感度。

表 2-2 GGFI 所用工具因子的关注领域

一级关注领域	可持续性	基础设施	人力资本	商业
二级分类	绿色金融活动	基础设施的建设	专业人员的数量	政治稳定性及法规
	环境与生物多样性	ICT 基础设施	灵活的就业市场	机构及监管环境
	可再生能源	交通运输	财富和经济	税收和成本的竞争力
	生活质量	化石能源使用	管制	经济环境

资料来源：*The Fourth Edition of the Global Green Finance Index*（GGFI 4）。

四、绿色金融的影响因素

（一）金融机构开展绿色金融的影响因素

我国绿色金融发展更多是"自上而下"推动的，因此绿色金融政策是金融机构开展绿色金融的重要驱动因素。现有文献主要研究了绿色信贷政策对企业获得银行贷款的影响。一是考察了 2007 年中国正式开始在银行业推行绿色信贷政策后的影响。张颖和吴桐（2018）发现绿色信贷政策对抑制"两高"企业融资效果不大。连莉莉（2015）、马妍妍和俞毛毛（2020）发现绿色信贷政策能增加重污染企业融资约束从而促使其减排。牛海鹏等（2020）发现绿色信贷政策增强了绿色企业的信贷可得性。二是考察了 2012 年中国颁布《绿色信贷指引》后的影响。苏冬蔚和连莉莉（2018）、王保辉（2019）发现绿色信贷政策显著降低了重污染企业的债务融资数量，增加了重污染企业的债务融资成本。陈幸幸等（2019）进一步发现绿色信贷政策促进了银行信贷和商业融资同时受限的重污染企业的环境治理投入。此外，现有文献还发现绿色信贷政策促进了企业的研发创新和绿色创新（孙焱林和施博书，2019；谢乔昕和张宇，2021；王馨和王营，2021）、增加了重污染企业的退出风险（陆菁等，2021）、抑制了重污染企业的过度投资（朱朝晖和谭雅妃，2020）。三是考察了中央银行关于绿色信贷的激励政策的影响。李亮和李晓红（2019）发现央行将绿色金融纳入 MPA 考核后，银行绿色金融规模有所提升。郭晔和房芳（2021）发现央行将绿色信贷资产纳入中期借贷便利的合格担保品后，绿色环保企业的融资约束得到一定程度缓解。四是考察绿色金融试验区改革的影响。沈璐和廖显春（2020）发现绿色金融改革创新试验区的建立增加了重污染企业的融资约束。

从金融机构自身角度来看，金融机构作为商业机构追求盈利目标，首先看重绿色金融的经济效益。发展绿色金融需要额外投入资源，金融机构发展新业务的能力也非常关键。此外，绿色金融可以降低金融机构的环境风险。因此，金融机构的经营管理水平、评价标准、风险偏好、绩效表现等都会对绿色金融产生影响。屠红洲和屠金光（2018）从银行自身风险偏好管理的角度研究绿色信贷的发展，认为当前银行内部有关政策的管理与执行水平及力度不足、信贷方向岗位职责分工不明确、信贷风险偏好指标体系审批机制不完善等不利于绿色信贷的可持续增长。陈伟光和卢丽红（2011）指出商业银行的业绩考核体系和盈利导向会影响绿色信贷投放，银行业绩考核重利润轻环保，在高污染、高耗能行业依然具有较高收益的情况下，银行不会积极开展绿色信贷业务。方菊香和何丽君（2013）利用 SWOT 分析法分析了商业银行实施绿色信贷时的优势和劣势，优势包括拥有较好的客户基础和经营管理能力，劣势包括环保理念认识和从事绿色业务主动性不够以及缺乏从事绿色信贷的专业人员和内部评判标准。

在实证研究方面，麦均洪和徐枫（2015）发现，企业的还款能力是金融机构发展绿色金融业务考虑的首要因素；行业特征和担保风险分别为第二、第三因素，并且重要性相差不大；外部监管的影响最小，表明外部监管没有对金融机构实施绿色金融形成强有力的激励和约束效应。Finger 等（2018）发现盈利水平会影响银行是否采纳赤道原则的决策：在发达国家，绩效较差的银行更愿意成为赤道银行，且在成为赤道银行后利息收入和净资产回报率都有所上升；而在发展中国家，绩效较好的银行更愿意成为赤道银行，但在成为赤道银行后贷款增速和利息收入增速均有所下滑。孟科学等（2018）考察了高管特征对商业银行绿色金融的影响，发现高管学历越高、女性高管比重越大，银行发展绿色信贷越积极；高管薪酬与银行绿色信贷业务负相关。杜莉和周津宇（2018）发现政府持股比例高的大型国有银行绿色信贷投放更多。张琳等（2019）通过对国内 29 家商业银行进行绿色信贷与财务绩效进行动态交互影响研究，发现当期的银行财务绩效只对当前绿色信贷有着正向显著的影响，银行会根据财务绩效情况对绿色信贷的投放量进行相机抉择。武立东和周亚拿（2019）发现媒体关注会促使城商行绿色贷款投放。王康仕等（2020）从企业层面发现环境信息披露、市场化进程和金融数字化对绿色信贷发展有所影响。刘昊（2021）发现盈利能力较强和风险管理水平较高的商业银行投放绿色信贷更积极。

（二）区域绿色金融发展的影响因素

既有文献主要从地区政策实施、经济发展、金融基础、环境质量等方面分析了绿色金融的影响因素。余冯坚和徐枫（2019）基于 2010~2016 年广东省 21 个地级市样本发现，金融发展程度和空气质量抑制区域间的绿色金融发展，地区生产总值和受教育程度促进绿色金融发展。方建国和林凡力（2019）发现经济发展观念及增长方式、国家政策扶持等因素是我国不同地区绿色金融发展水平差异的原因，经济发展、产业结构升级以及能耗结构优化会缩减地区间绿色金融发展差异。中国人民银行贵阳中心支行青年课题组和任丹妮（2020）基于 2012~2017 年全国 31 个省份数据发现，地方专门政策的出台和金融发展水平的提升会促进绿色金融发展，其中地方政策的作用更为重要；对于东部地区而言，金融发展水平对绿色金融的促进作用更大，对于西部地区而言，地方政策对绿色金融的促进作用更大。朱向东等（2021）基于 2016~2019 年中国 142 个地级以上城市的研究发现，政策措施越完善、金融基础越扎实，绿色金融发展水平越高，环境污染严重的地区发展绿色金融难度越大。乔琴等（2021）发现经济发展水平促进了地区绿色金融发展，而信息化程度、居民金融文化素养和财政环保支出对区域绿色金融发展影响尚不显著。李雨婕和肖黎明（2021）发现城市行政级别、企业总部所在地、空间是否邻近、固定资产投资差异和对外开放水平差异等对中国绿色金融网络关联具有显著影响。郑群哲（2022）对 2014~2019 年中国碳金融发展水平进行测度，发现 CDM 项目数、工业污染治理完成投资、城市造林覆盖率对碳金融发展起促进作用，而城镇登记失业率和工业增加值则会抑制碳金融发展。

五、绿色金融的经济后果

（一）绿色金融对金融机构的影响

当前国内外研究多数集中在绿色信贷对商业银行的影响效应。

1. 绿色信贷对银行绩效的影响

理论上，绿色信贷对商业银行绩效的影响并不确定。一方面，绿色信贷能够改善绩效。其主要原因在于：

第一，绿色信贷有助于商业银行抓住绿色经济发展机遇，开拓新的利润增长点。一是有助于扩展商业银行资产配置空间。在供给侧改革背景下，银行逐步缩减了对"两高一剩"行业的信贷支持，短期会对银行绩效造成不利冲击，因此商业银行需要寻找新的资产标的和盈利来源。绿色信贷能够帮助银行在新经济领域拓展业务范围和增大市场份额（胡荣才和张文琼，2016）。并且环保产业属于战略性新兴产业，大部分环保企业成立时间短、规模偏小、民营企业较多①（刘志红和曹俊文，2018）。商业银行向这类企业投放绿色信贷可以获取较高的风险溢价，从而提升资产收益。二是有助于商业银行树立差异化竞争优势，当前银行业同质化竞争程度较高，绿色信贷作为一项新业务，在银行业还未广泛开展，积极开展绿色金融业务的商业银行能凭借先发优势，获取更高的品牌知名度，从而占据优质绿色项目资源，增加绿色信贷收益（何凌云等，2018）。

第二，绿色信贷有助于商业银行树立环境保护的绿色声誉，获取利益相关者支持。一是争取关注绿色环保的客户资源。随着公众环保意识的不断提升，对积极支持环境保护的银行认同度更高，也更愿意与绿色声誉较高的银行开展合作（易金平等，2014）。二是获取资本市场中绿色投资者的支持。银行通过增加绿色信贷投放向外界传达了其支持环境保护的信号，从而降低银行和外部投资者间的信息不对称，提升成功发行低利率绿色债券的概率（姚明龙，2017）。三是获取政府监管部门的支持。为鼓励商业银行投放绿色信贷，政府部门会提供财政和资金支持，包括对公益属性较强的绿色项目贴息、与绿色信贷表现好的银行开展业务合作。另外，央行向商业银行提供中期借贷便利时会考虑其绿色信贷投放情况，从而影响银行运营资金的数量和成本（张琳等，2019）。

第三，绿色信贷有助于商业银行管理环境风险，降低风险成本。企业因环保不达标受到经济法律制裁，间接增加了授信银行面临的信用风险（Aintablian等，2007）。具体而言，污染企业接受罚款、停产整顿甚至责令关闭等处罚后，会严重影响其经营活动，导致企业还款困难。如果土地受到污染，还会减少银行处置违约企业担保物的收益，进一步增加银行的损失。此外，银行向污染企业发放贷款可能会承担审核失察的连带责任。苗建青和苗建春（2008）指出，向污染企业

---

① 腾讯财经2015年推出的中国环保产业链大数据解读发现，2010年后新注册成立的环保企业占近50%，规模50人以下的环保小微企业占比92%。中国环保产业协会发布的《2017年中国环保产业状况发展报告》指出其统计的6566家环保企业中，营业收入在200万元以下的小微型企业数量占比达68.4%。

发放贷款短期获利可能较高，但银行也将面临较高的信用及声誉风险，而向环保企业发放贷款则有助于减少因环境风险产生的呆账、坏账。

另外，绿色信贷也可能对银行绩效产生消极影响。一是绿色信贷可能无法带来较高收益。不同绿色项目的经济性和公益性存在差异，公益性较强的绿色项目在正外部性没有充分内部化的情况下，盈利水平较低（王遥和潘冬阳，2015），无法承担较高贷款利率。二是"两高一剩"贷款客户的流失会使采取绿色信贷政策的银行短期利益受损。特别是当这类企业是当地的支柱企业时，会对银行盈利造成较大影响。同时，对于负债较高的"两高一剩"企业，银行如果"抽贷"可能会加剧企业资金链断裂，导致企业更加难以偿还借款，银行将面临更大损失（陈伟光和卢丽红，2011）。三是绿色信贷会增加银行营业成本。绿色信贷体系的构建需要投入人力、物力成本会增加管理费用，并且环境风险管理技术性较强，需要投入的产品开发支出会更高（马秋君和刘文娟，2013）。

在绿色信贷对银行绩效存在上述理论分歧的背景下，既有相关实证研究也未能得到统一结论：

在国内实证研究方面。何凌云等（2018）运用2008~2016年9家上市银行数据表明绿色信贷余额与银行资产收益率正相关；高晓燕和高歌（2018）构造了银行竞争力指数，并基于2010~2016年20家上市银行数据发现绿色信贷规模扩张能增强银行竞争力；廖筠等（2019）利用2008~2017年10家商业银行为样本发现绿色信贷对银行经营效率有长期显著的正向促进作用。不过也有学者持不同观点，胡荣才和张文琼（2016）基于2009~2014年14家上市银行的样本发现绿色信贷会造成银行营业利润降低；刘忠璐和王鹏英（2019）利用2008~2017年12家商业银行数据发现绿色信贷削弱了银行盈利能力。

在国外实证研究方面。相关文献主要考察了商业银行采纳赤道原则[①]和承担环境保护责任对财务绩效的影响，但也没有得出一致结论。Scholtens 和 Dam（2007）、Mathuva 和 Kiweu（2016）都认为银行的环保履行情况会损害财务绩效：前者发现采纳赤道原则的27家银行与未加入赤道原则的57家银行相比，营业成本更高、营业利润更低；后者考察了肯尼亚212家储蓄机构的社会与环境信息披露对财务绩效的影响，其中环境信息包括绿色信贷、环境政策、绿色运营情

[①]　赤道原则要求，金融机构在为项目融资时须综合评估项目可能产生的环境和社会影响，从而促使该项目在环境保护以及周边社区和谐发展等方面发挥积极作用。

况等，结果发现社会与环境责任承担较多的储蓄机构资产回报率更低。与之不同，Weber（2012）深入分析了8家签署联合国环境规划署声明的欧洲银行，认为商业银行的绿色环保行为能为自身带来可持续的价值增长。而 Finger 等（2018）进一步发现银行承担环境保护责任的经济后果存在地区差异，他们基于2003~2015 年全球 78 家赤道银行的样本发现：在发达国家，商业银行采纳赤道原则后利息收入和净资产回报率都有所上升；而在发展中国家，商业银行采纳赤道原则后贷款增速和利息收入增速均有所下滑。

2. 绿色信贷对银行风险的影响

与绿色信贷对银行绩效的不确定影响相一致，既有研究在绿色信贷与银行风险的关系上也存在分歧。一些理论分析表明，绿色信贷有助于降低银行风险：

一是绿色信贷有助于降低信用风险。一方面，从企业盈利角度来看，随着环保要求提高、执法力度加强，污染类企业要达到环保标准，需要付出更高成本，减少了企业利润，增加了企业还款难度。如果企业未能达标，将面临严峻的处罚，包括罚款、整改甚至停业，从而直接削弱企业的盈利能力，引发企业违约。产能过剩类企业资金利用效率低，随着产业转型升级，部分企业最终会淘汰、破产清算，违约风险较高（苗建青和苗建春，2008）。相比之下，在可持续发展理念推动下，环保产业具有更好的发展前景。政府为加强生态文明建设也出台了多项政策，包括为绿色项目贴息、担保等，政府的支持和背书起到了信用增级作用，降低了绿色项目的违约风险。此外，银行为"两高一剩"企业节能减排提供资金也有助于这些企业实现转型升级，改善绩效水平、避免陷入困境，降低银行面临的风险。另一方面，从企业抵押品角度来看，银行发放贷款一般需要企业提供土地、厂房设备等抵押品，这些抵押品构成了企业的"第二还款来源"，当企业财务状况出现问题，以及无法偿还本息时，银行可以拍卖抵押品来减少损失。对于"两高一剩"企业来说，其抵押品在生产经营过程中更容易被污染，从而价值受损，或者由于行业产能过剩原因，抵押品市场需求低，无法获得较高价格，这样银行通过处置"两高一剩"企业抵押品只能较低程度减少损失，而环保行业由于采纳绿色清洁技术以及较广阔的市场前景，其抵押品的价值更能得到保障。

二是绿色信贷有助于降低法规风险和声誉风险。①在法规风险方面，商业银行为企业的污染项目提供融资、咨询等服务可能会被追究连带责任，面临行政处罚、法律诉讼等风险（Thompson 和 Cowton，2004）。例如，2018 年 7 月，平安银行因贷前调查不到位，向环保未达标的企业提供融资等违法违规事实被天津银监局根据《节能减排授信工作指导意见》《绿色信贷指引》等法规条款罚款 50 万元。同年 7 月福建省绿家园环境友好中心因宜城市襄大农牧有限公司养殖废水污染汉江，向法院提起环境民事公益诉讼，并追加农行宜城市支行和宜城农商银行作为该案的共同被告参加诉讼。②在声誉风险方面，商业银行投放绿色信贷、承担环境保护责任可以提升自身的社会声誉，积累更多道德资本，从而发挥保险效应。社会公众对声誉好的银行包容度更高，当银行出现负面新闻时，利益相关者更愿意相信这是偶发事件、源于失误而非恶意为之，因此不会对银行施以严厉的处罚，这给了银行纠偏的机会和时间，避免产生巨额经济损失。反之，商业银行为污染类项目提供资金支持，当出现严重的环境污染或社会风险事件后，银行的声誉会受损，利益相关者的不满会转变为银行的客户流失，从而增加银行的运营风险。

不过，也有理论认为，绿色信贷可能增加银行风险。原因在于，绿色信贷作为银行开展的新业务，存在一定风险。第一，环保产业虽然近年来蓬勃发展，具有良好的前景，但作为新兴产业尚没有形成成熟的盈利模式。特别是部分环保项目具有较强的正外部性，在正外部性无法充分内部化为项目收益时，环保项目获取盈利的保障性较低（Deng 等，2021）。另外，环保项目周期较长，不确定性更大。第二，银行和企业间的环境信息不对称较为严重。目前企业的环境信息不是强制披露的，并且也没有统一完善的披露标准，导致部分企业没有公布详尽的环境信息，或者"报喜不报忧"进行选择性的信息披露。银行获取企业真实完整环境信息的难度加大、成本较高，这降低了银行绿色信贷投放中的风险识别能力、增加了银行环境风险管理的难度（Wang 等，2019）。第三，银行发展绿色信贷会挤占其他业务资源，在绿色信贷业务发展成熟之前，绿色信贷对其他业务的挤占效应可能会影响银行核心竞争力。另外，银行对"两高一剩"企业抽贷、断贷会加速这些企业的风险暴露。

在上述理论分歧下，相关实证研究也未能得到统一结论。典型研究如李苏等（2017）基于 16 家上市银行 2011～2015 年样本的研究表明，绿色信贷余额增加可以降低银行的破产风险。孙光林等（2017）利用五大国有银行 2008～2016 年季度数据发现，绿色信贷规模增加可以降低银行的不良贷款率。邵传林和闫永生（2020）利用 2005～2017 年 60 家商业银行的年度面板数据发现，商业银行开展绿色信贷业务初期会增加其破产风险，随着绿色信贷业务的发展，绿色信贷逐渐显现出降低银行破产风险的作用。雷博雯和时波（2020）基于 2010~2018 年 16 家商业银行样本发现，绿色信贷余额增加短期来看对银行流动性风险没有影响，但中长期来看可以降低银行流动性风险。孙红梅和姚书淇（2021）以 2005~2018 年 24 家上市银行为样本发现，银行更好地开展绿色信贷会提升其资产负债率、降低其不良贷款率。在国外文献中，Scholtens 和 Dam（2007）对比了实施与不实施赤道原则的两类银行的经营情况，发现实施赤道原则的银行贷款风险更低。Cui 等（2018）基于中国商业银行数据发现更高的绿色信贷比例会降低银行不良贷款率。不过 Finger 等（2018）基于全球 78 家赤道银行样本发现，采纳赤道原则的银行不良贷款率较高，并且发展中国家的赤道银行不良贷款率高于发达国家的赤道银行。

（二）绿色金融对企业的影响

目前学界除了将研究视角放在银行，还基于企业视角研究了绿色金融对企业融资、企业投资和企业创新的影响。

1. 绿色金融对企业融资的影响

王康仕等（2019a）发现绿色金融发展加剧了污染企业面临的融资约束，不过这一影响主要在民营污染企业中显现。康雯和吴云霞（2022）指出，绿色金融能够有效缓解绿色企业所面临的融资约束。

在绿色信贷方面，连莉莉（2015）的研究表明，与高污染高耗能企业相比，绿色信贷可以有效降低绿色企业的债务融资成本；此外，对处于经济较发达的东部地区、企业性质为国企的绿色企业来说，绿色信贷政策对债务融资成本的改善程度更为明显。牛海鹏等（2020）发现绿色信贷政策的实施虽然在短期内能够明显促进绿色上市公司的融资便利性，改善"融资难"问题；但相比于"两高"企业，并不能降低绿色企业的融资成本，解决"融资贵"问题。此外，张颖和吴桐（2018）发现绿色信贷政策的实施也未能提高"两高"企业的信贷融资成本。但是，多数研究表明绿色信贷发挥了明显的政策效果。王保辉（2019）以 2011~2017 年中国重污染企业为研究对象，发现《绿色信贷指引》的出台能够显著增加重污染企业的债务融资成本，李新功和朱艳平（2021）的研究也证实了这一结论，并且发现绿色信贷政策在国有企业中表现出更明显的约束效果。

绿色信贷对企业融资的影响不仅体现在融资成本上，还体现在融资数量和融资结构方面。蔡海静等（2019）的研究将绿色信贷政策在微观层面的执行效果延伸至宏观层面，发现绿色信贷可以减少"两高"企业的新增银行借款数量并且绿色信贷政策带来的新增银行借款的减少效应在污染程度严重、产权性质为非国有、位于东部地区、处于经济发展压力小的地区的企业更为明显。陈琪（2019）发现《绿色信贷指引》出台后既明显降低了高污染、高能耗和产能过剩行业企业的贷款规模，又提高了贷款成本；而且，《绿色信贷指引》对非国有企业的贷款规模和贷款成本、处于市场化水平较低地区企业的贷款规模的抑制作用更强。丁杰和胡蓉（2020）则发现绿色信贷政策的实施从融资总量和融资结构两方面对重污染企业的信贷融资起到了有效的抑制作用，尤其是企业的长期信贷融资。此外，在环境规制越强的地区绿色信贷政策表现出越强的资金配置效应。不同于以上研究以环保行业企业或重污染行业企业为研究对象考察绿色信贷的政策效果，郭晔和房芳（2021）从央行担保品扩容角度探究了其对绿色信贷企业的影响，研究发现央行将绿色信贷资产纳入 MLF 的合格担保品范围内能够显著增加绿色信贷企业的融资可得性和提高绿色信贷企业的长期借款比例，尤其是民营绿色信贷企业和环保行业绿色信贷企业。

在绿色债券方面，吴育辉等（2022）的研究显示，发行绿色债券的企业会带动同行业其他企业采取更多有利于环境保护的行动，从而提升了市场投资者的认可度，从而降低其融资成本。异质性检验显示，生态友好型企业、非污染型企业、行业领导型企业和密切竞争型企业会强化这种行业溢出效应。宁金辉和王敏（2021）发现绿色债券通过缓解融资约束来抑制企业投融资期限错配。相对于国有企业、大型企业、信用评级较高企业、非高污染企业，非国有企业、小型企业、信用评级较低企业、高污染企业发行的绿色债券对投融资期限错配的抑制作用更为显著。马亚明等（2020）、王倩和李昕达（2021）的研究也发现绿色债券可以缓解公司融资约束。

2. 绿色金融对企业投资的影响

王康仕等（2019b）发现绿色金融发展能直接促进绿色企业投资。绿色信贷方面，苏冬蔚和连莉莉（2018）发现绿色信贷对重污染企业具有融资惩罚效应，但只对国有、大型重污染企业兼具投资抑制效应，显著降低了其新增投资水平。滕云和高辉（2020）从资源配置效率视角的研究发现，绿色信贷政策可以缩小重污染企业的长期信贷融资规模，进而降低重污染企业的投资效率。并且这一降低效应对于非国有企业和位于东部地区的企业来说更大。朱朝晖和谭雅妃（2020）基于控制权理论和债务契约理论从银行债务契约治理视角验证了绿色信贷政策可以有效抑制重污染企业的非效率投资效率。此外，高媒体关注度和紧密的政企关系会增强绿色信贷政策对重污染企业过度投资的抑制效果。王艳丽等（2021）指出实施绿色信贷政策一方面可以抑制重污染企业过度投资，另一方面又可以改善投资不足，最终提高企业投资效率。实证检验也证实绿色信贷对重污染企业的投资效率存在正向提升作用，企业长期债务比重下降的直接效应和商业信用规模的增加的间接效应在两者之间起部分中介作用。此外，金融错配会影响该传导机制，阻碍绿色信贷提升企业投资效率，并弱化传导机制的作用效果。

3. 绿色金融对企业创新的影响

孟科学和严清华（2017）认为绿色金融通过缓解企业绿色资金约束，调节企业生态创新认识、创新风险与收益结构从而促进企业生态创新结构优化。谢乔昕（2021）发现绿色金融发展对环境规制与企业技术创新的关系的正向调节作用在强融资约束企业和处于强环境规制地区的企业中表现得更为明显。李戎和刘璐茜（2021）发现绿色金融改革创新试验区促进了企业绿色创新，并且对银行竞争程度更弱地区的企业的促进作用更显著。

绿色信贷方面，孙焱林和施博书（2019）运用 2008～2017 年上市公司数据发现，绿色信贷政策能够促进绿色企业研发创新，而且对位于东部地区和西部地区的绿色企业、民营和外资绿色企业产生了显著的正向影响。刘强等（2020）发现绿色信贷政策的实施能够显著提高重污染企业的创新效率，主要表现为创新产出的增加，对创新投入则无明显影响。异质性分析发现绿色信贷只对国企、金融欠发达地区企业的创新产出有显著促进作用。谢乔昕和张宇（2021）则从创新强度和创新倾向两个维度度量企业创新，整体上来看，绿色信贷政策均能有效促进非重污染企业和重污染企业的创新转型；分维度来看，绿色信贷政策对重污染企业创新强度的促进作用较弱。陆菁等（2021）发现绿色信贷政策的波特效应并不存在，绿色信贷通过遵循成本效应和信贷约束效应抑制了高污染企业的技术创新；但绿色信贷政策发挥了正向的资源再配置效应，绿色信贷政策传导至微观层面会产生积极的市场选择效应和市场份额再配置效应。

此外，还有部分学者探讨了绿色信贷对企业绿色创新的影响。杨柳勇等（2021）发现绿色信贷政策显著地抑制了重污染企业的绿色创新，主要通过缩减信贷规模和提高信贷成本路径作用于重污染企业，进而抑制绿色创新。异质性分析结果表明这种抑制作用在非国有重污染企业、小规模重污染企业中和绿色发明专利层面上更显著。曹廷求等（2021）发现绿色信贷政策对重污染企业存在"优胜劣汰"的作用，绿色信贷政策的实施虽然会通过信贷约束渠道抑制重污染企业的绿色创新，但当重污染企业的社会责任表现较为优异时反而会促进其进行绿色创新。王馨和王营（2021）则持相反观点，证明了绿色信贷政策的实施能够通过代理成本的降低和投资效率的提升路径有效促进绿色信贷限制行业的绿色创新，但主要体现为绿色创新总量的提升而非创新质量的提升。此外，绿色信贷的激励约束效应可以通过资金要素的再分配渠道和污染企业的绿色转型渠道即绿色技术创新发挥环境治理作用。进一步分析发现，在绿色信贷增进绿色创新的背景下，企业绿色创新的确显著提升了环境绩效和社会绩效。

4. 绿色金融对企业绩效的影响

张木林和赵魁（2021）发现绿色金融对企业全要素生产率存在明显促进效应和空间溢出效应；绿色金融主要通过产业结构调整、技术创新发展、区域经济发展水平和城镇化水平影响企业全要素生产率。其中产业结构、技术创新对绿色金融与企业全要素生产率的关系起到促进效应，而经济发展水平在两者间存在逐步弱化效应，城镇化水平则对两者间的影响呈"U"型关系。贺正楚等（2022）指出，绿色金融可以促使产业链企业结构调整，增强产业链企业的可持续发展能力。以新能源汽车产业链企业为对象的实证研究表明：绿色金融发展水平与产业链企业价值这两者呈现倒"N"型关系，而企业融资效率能起到调节作用。

在绿色债券方面，陈淡泞（2018）发现上市公司发行绿色债券会导致股价产生显著正向累计异常收益率，表明绿色债券的发行得到了投资者的认可。马亚明等（2020）的研究显示，企业发行绿色债券可以通过提升个股投资者情绪和降低融资成本的途径提高自身价值。王倩和李昕达（2021）也发现绿色债券可以通过缓解融资约束提升公司价值，并且在债券发行后的第二年对公司价值的提升作用更大。

（三）ESG 表现对企业的影响

1. ESG 表现对企业融资的影响

Hamrouni 等（2019）基于法国上市公司样本研究表明 ESG 信息披露能够降低企业与债权人之间的信息不对称程度，降低企业债务融资成本，这一结果主要归功于对环境信息的披露加强，社会责任信息与公司治理信息披露无法降低企业债务融资成本。Nandy 和 Lodh（2012）、Cooper 和 Uzun（2015）得到了类似的结论，环境友好型企业更易于获得优惠的贷款合同，债务融资成本较低。Sharfman 和 Fernando（2008）基于美国公司样本研究发现，环境风险管理可以通过降低资本成本改善融资条件，使企业在股权融资转向负债融资的情况下最大限度享受税收优惠。与以上研究结论不同的是，也有研究表明企业改善自身企业社会责任表现并加强企业社会责任信息的披露会降低投资者和债权人的预期，可以迅速降低其债务融资成本（Bhuiyan 和 Nguyen，2019；Yeh 等，2020）。Raimo 等（2021）为 ESG 信息披露降低债务融资成本提供了跨国证据。ESG 表现不仅能够降低债务融资成本，同时 ESG 表现好的企业股价波动性较小，有利于降低股权融资成本（Sharfman 和 Fernando，2008；El Ghoul 等，2018）。Azmi 等（2020）将研究对象限定在新兴经济体的银行，探究其 ESG 表现对融资成本的影响，发现良好的 ESG 表现能够显著降低其股权融资成本，而非债务融资成本。学者普遍认为 ESG 中环境表现受到更多关注，Heinkel 等（2001）发现污染企业通常不被投资者偏爱，导致其股价较低，资本成本较高。Pastor 等（2020）将投资者对于绿色企业的偏好纳入一般均衡分析，结果表明绿色企业具有较低的资本成本。Bolton 和 Kacperczyk（2020）通过检验二氧化碳排放与股票回报率之间的关系，发现良好的 ESG 表现使企业具有较低的资本成本。Breuer 等（2018）提出只有在投资者保护较强的地区，ESG 表现才能发挥降低资本成本的作用。

2. ESG 表现对企业投资的影响

结合环境、社会责任和公司治理（ESG）考虑，探究其对投资效率影响的研究方兴未艾。在这部分研究中，大多认为 ESG 表现具有正向作用。企业在环境、社会责任以及公司治理方面付出的成本有利于降低企业自由现金流水平，进而降低企业代理成本，减少非效率投资，提高投资效率（Samet 和 Jarboui，2017）。企业主动承担社会责任，能在一定程度上体现出管理层的远见卓识与较好的长期发展规划能力，因而其决策也更具科学性，投资效率更高（Garriga 和 Melé，2004；赵天骄 等，2018）。Benlemlih 和 Bitar（2018）只考虑环境和社会责任（ES）两方面，通过研究发现，在环境、社会责任方面的投入有利于提高企业投资效率，特别是与员工、环境、产品特性等主要利益相关者相关的投入。并且企业 ES 表现具有雪中送炭的作用：在金融危机期间，ES 表现对企业投资效率有额外的积极影响。Lin 等（2021）认为过高的 ES 评分不利于投资效率的提高，当 ES 表现处于中等水平时，其对投资效率的提升作用最大。在考虑企业的经营策略后，只有采取防御型经营策略并在环境和社会责任方面具有良好表现的企业，才能够显著提高其投资效率。Samet 和 Jarboui（2017）采用环境、社会责任和公司治理（ESG）指数的年度数据，实证检验了企业 ESG 表现对投资效率的影响，研究表明良好的 ESG 表现能够通过缓解信息不对称和降低代理成本来提高企业投资效率。除此之外，也有研究认为 ESG 表现具有负面影响。Bhandari 和 Java-khadze（2017）基于 1992~2014 年美国公司的样本，发现股东与其他利益相关者之间存在利益冲突，管理层在 ESG 方面进行投资时存在机会主义行为，所以 ESG 表现越好的公司意味着其 ESG 投入挤占了过多的资源，使管理层受益更多，而不利于公司的长远发展。最终得出结论：企业 ESG 表现越好，投资效率越低，在管理者薪酬激励较弱和利益相关者参与较多的情况下更显著。

顾雷雷等（2020）从企业金融化的角度，证实了社会责任感强的企业能够获取较多的资源，从而提高企业的金融资产配置水平。潘海英等（2022）则发现 ESG 实践以实现长期价值为动机，与企业金融化呈负相关关系，内部监管水平越高，企业 ESG 表现对金融化的抑制作用越大，从而说明 ESG 表现是企业经营主业的重要管理工具（刘姝雯等，2019）。Bocquet 等（2017）探究 ESG 表现与企业创新投资的关系，认为认真履行社会责任的企业创新投资会随之增加，特别是产品创新与运营过程创新，这与 Baden 等（2009）的研究结论一致，实现促进创新的积极作用，需要企业具有真正想要承担社会责任的动机。Mithani（2017）却认为无论出于何种动机，社会责任项目都会挤占企业资源，不利于企业创新水平的增加。

3. ESG 表现对企业价值的影响

学者对于良好的 ESG 表现对企业价值的影响存在较大的分歧。Borghesi 等（2014）发现 ESG 评级较高的企业具有更多的自由现金流。以托宾 Q 作为衡量企业价值的代理指标，Gillan 等（2010）、Gao 和 Zhang（2015）以及张琳和赵海涛（2019）认为 ESG 表现与企业价值有着显著的正相关关系。在财务绩效方面，Zhao 等（2018）、Yoon 等（2018）、Taliento 等（2019）分别基于中国、韩国、欧洲企业样本研究发现良好的 ESG 表现有助于提升财务绩效。El Ghoul 和 Karoui（2017）发现当市场机制不完善时，企业社会责任能够降低企业交易成本；当股票市场和信贷市场发展比较落后时，倡导企业社会责任能够改善融资渠道，从而提升企业盈利水平，提高企业价值。Hong 和 Kacperczyk（2009）以非绿色股票为研究对象，发现非绿色企业估值较低，投资者通常会要求更高的回报。Flammer（2021）发现发行绿色债券能改善企业在股票市场中的表现。Barko 等（2021）研究表明投资者的 ESG 偏好也很重要，企业股东对于 ESG 的偏好程度越大，该企业越能获取较高的回报。Servaes 和 Tamayo（2013）认为不是所有企业改善 ESG 表现都能创造额外价值，只有在广告费用高昂时良好的 ESG 表现才能提高企业价值。

另一部分研究表明重视 ESG 表现可能会降低企业价值。Bhandari 和 Java-khadze（2017）指出注重 ESG 表现的企业可能不得不放弃对股东有利可图但遭到其他利益相关者抵触的项目。Broadstock 等（2021）则指出社会责任感强的企业在危机期间不会轻易解雇员工，这增加了企业的成本管理压力。Buchanan 等（2018）比较了金融危机时期 ESG 表现突出与 ESG 表现一般企业的绩效状况，发现 ESG 表现并不能起到雪中送炭的作用，由 ESG 过度投资带来的成本使企业价值在金融危机期间更大幅度地下降。

4. ESG 表现对企业风险的影响

不同于 ESG 表现对企业价值的影响，以不同类型的风险为研究对象，良好的 ESG 表现有助于降低企业风险已基本成为共识。Hong 和 Kacperczyk（2009）发现 ESG 表现良好的企业更易于获得投资者支持，因此具有较低的资本成本和法律风险。Schiller（2018）从供应链的视角切入，发现客户 ESG 表现较好时，供应商面临的诉讼风险较小。Kim 等（2014）认为在 ESG 方面表现出色的企业符合可持续发展要求，未来股价出现崩盘的概率较低，特别是外部监督较强的企业。Jagannathan 等（2018）发现不当的环境保护政策会给企业带来巨大且难以预见的下行风险。Albuquerque 等（2019）提供了 ESG 表现能够降低企业系统性风险的证据，认为 ESG 表现越好的企业需求价格弹性越小，进而具有较低的系统性风险，特别是产品多样化企业。Lins 等（2017）考察不同 ESG 表现的企业在金融危机期间的表现，通过 ESG 表现较好的企业在危机期间表现优于 ESG 表现较差的企业来说明 ESG 表现能够降低企业系统性风险。Bouslah 等（2018）同样认为 ESG 表现在危机状态下发挥雪中送炭的声誉保险效应。但也有部分研究发现，企业履行社会责任或环境责任更多的是管理层掩饰不利消息、谋求个人私利的工具（高勇强等，2012；Hemingway 和 Maclagan，2004），从而会增加企业股价崩盘风险（权小锋等，2015；田利辉和王可第，2017）。

（四）绿色金融对区域经济的影响

现有文献主要考察了绿色金融发展对区域经济增长、产业结构升级、技术创新等方面的影响。刘霞和何鹏（2019）基于我国中部 6 个省份数据发现，绿色金融促进了地区经济增长。傅亚平和彭政钦（2020）发现绿色金融对经济增长的拉动效应在东部地区最大，西部地区次之，而在中部地区尚未显现；门槛效应研究发现，环境污染程度超过门槛值后，绿色金融发展对经济可持续增长的促进效应更强。尹子肇等（2021）以我国 30 个省份为样本发现，绿色金融发展水平对绿色全要素生产率的影响呈现"U"型的非线性关系，同时两者间还存在"U"型关系的空间溢出效应。朱向东等（2021）基于 2015~2018 年中国 335 个地级以上城市样本的研究表明，绿色金融能够促成污染性重工业和轻工业技术创新；绿色金融与环境规制的协同效应对轻工业更有效，在中西部地区更突出；对于污染性轻工业，绿色金融可以通过提升研发投入激励技术创新，而对于污染性重工业，这一经济效应仅在西部地区存在。赵娜（2021）基于中国 30 个省份 2008~2018 年的绿色专利数据发现，绿色信贷通过研发投入渠道促进了地区绿色技术创新水平的提升。这一促进作用主要体现在绿色发明专利上，绿色信贷对绿色实用新型专利存在的促进作用不显著。张婷和李泽辉（2022）的研究显示，绿色金融相比环境规制更适用于非资源型地区的产业结构升级。

还有部分文献分析了绿色金融政策对区域经济的影响。李毓等（2020）基于中国省级面板数据发现，绿色信贷政策促进了产业结构升级；这一促进作用在中西部区域中更显著，并主要体现在第二产业中。斯丽娟和姚小强（2022）发现绿色金融改革创新试验区试点政策的实施能够通过提升信贷资源公平效率和配置效率而促进区域产业结构生态化发展，政策效应对低金融发展水平城市、一般等级城市、中西部城市以及老工业基地城市产业结构生态化的正向效应更为显著。俞毛毛和马妍妍（2022）基于 2013~2019 年省级层面出口数据发现，绿色金融试验区的设立能够显著提高地区出口质量；对于污染程度严重的省份，绿色金融政策的出口质量提升的影响更为明显；绿色金融政策能够通过提升省份研发投资水平，进而提升省份的出口质量。

第二节　区域金融协同相关研究

一、区域金融协同的概念界定

协同是指组成系统的各个要素通过协调合作，最终使系统整体功能大于各个要素功能之和的一种结构上的优化状态。如果系统内各要素之间无法进行良性协同，系统就会呈现混沌状态，不但整体功能得不到充分发挥，各要素自身功能也会因此受到极大限制。

协同发展则是指，一方面，系统内任一要素都处于不断演进发展的状态下，就需要其他各要素的相互配合、相互促进。没有其他要素的协调合作，系统任一要素的可持续发展都是不可能实现的，也就更谈不上促进系统的整体进步。另一方面，系统的协同过程和最终状态随着各要素的发展而发生变化，从而使协同本身也一直处于发展演进中，不断地反映出系统内各要素之间动态的作用关系。协同是发展的基础和手段，发展是协同的状态和目的。本书认为，协同发展就是在正确调节控制系统各要素独立运动以及要素之间关联运动的基础上，使各要素之间形成相互配合、相互协作的发展态势，进而促进系统整体由旧结构状态向新结构状态转变。可以从两个层面理解区域金融协同：

第一个层面是区域金融总量结构的协同，即金融发展水平与发展速度之间的协同。一方面，区域内金融要素的分布、流动、发展态势等不尽相同，如北京和河北就存在很大差距。在这种情况下，区域金融协同发展就需要优先考虑各地区的金融实际发展水平，确定合理的金融发展速度和模式，在保证各地区金融业高效高质发展的前提下，推动整个区域金融发展。另一方面，区域金融协同发展要与区域经济发展相适应。金融作为整个经济系统的子系统，其发展的最终目的是促进经济健康平稳增长。区域经济发展水平和速度是区域金融协同发展的大背景，只有符合经济发展水平和发展阶段的金融协同才能真正带动经济增长。如果区域金融协同发展超过或落后于区域经济发展水平，那么金融协同发展与经济发展之间的关联就会弱化，导致金融协同不能持续，整个经济发展也将受阻。

第二个层面是区域金融关系的协同，即金融系统各要素之间的协同以及与产业结构的协同。一方面，制定有利于区域内资金流动、要素配置和改善融资结构的金融政策，努力消除各种经济和行政壁垒，积极培育区域内金融市场体系，规范金融服务主体行为，优化金融生态环境，实现区域内金融资源的合理配置和顺畅流动。另一方面，区域金融协同发展要与产业结构调整相匹配。金融之所以能够有效刺激经济增长，根本原因在于对产业及产业结构的影响，例如通过平衡直接融资和间接融资的关系，支持中小企业发展；通过改善融资结构促使产业结构转型升级等。因此，要根据区域内的产业政策、适时引导区域金融关系协同，消除区域内产业结构趋同化现象，引导生产要素优化配置，形成合理的区域内产业结构和分工体系。

二、金融协同发展和金融一体化的关系

区域金融一体化是指地区之间金融活动相互渗透、相互联系，进而向一个联动整体发展的趋势。从"金融协同发展"和"金融一体化"的关系来看，"一体化"是一个全面、开放、协调直至统一的过程，目标是最终形成一个优势互补、资源共享的市场体系。而"协同发展"是指为了完成某一共同目标或任务，两个以上（包括两个）拥有不同资源的个体或组织联合起来，实现其双赢或多赢的利益。在金融系统内要想达到共同发展的结果，必然选择"协同"。金融协同发展是实现金融一体化的必经阶段。

三、区域金融协同的测度方式

首先来看区域经济协同的测度。如果不同地区之间的商品市场协同发育程度较高，那么不同地区市场间的价格波动会较为一致。根据上述理念，一般基于 Samuelson（1952）的"冰山成本"模型来测度区域经济协同程度：两地之间存在一定的商品交易损耗（即冰山成本），但只要两地的相对价格（P_i/P_j）取值不超过一定范围，则可视区域经济协同程度较高。Parsley 和 Wei（2001）进一步指出，可以使用相对价格的方差即 var（P_j/P_i）来衡量市场的分割问题。

不过，与基于商品价格测算的经济协同不同，金融协同的测度有其独特之处。金融一体化的度量方法：价格法是通过比较区域间不同地区的金融资产基本价格来衡量的。数量法主要指基于金融产品之间的相关性检验，即 FH 检验。随着金融一体化程度的加深，反映本地资金运用依赖于本地储蓄的 FH 系数将有所降低。在国内研究中，胡朝举（2018）利用 FH 方法测度粤东地区和珠三角地区的金融一体化程度，发现两区域金融一体化水平较高且逐年提升。李喆（2012）、赵进文和苏明政（2014）、谷瑞和周宇函（2016）在测度金融一体化时采用的也是 FH 方法。

此外，一些学者还尝试了其他测度方法。翟爱梅等（2013）通过两阶段 GARCH 模型测度区域金融一体化程度，发现粤港金融市场一体化水平仍然偏低，但随着时间推移在不断提高，历次发生的金融风暴对粤港地区的冲击极大地促进了金融一体化程度的加深。熊晓炼和樊健（2021）分析了 2008～2019 年"一带一路"沿线省域的金融生态系统协同水平。在金融生态系统中，金融主体包括银行业、证券业和保险业 3 个次子系统，金融生态环境包括经济基础、对外开放程

度、诚信文化等 6 个次子系统。在子系统层面，金融生态环境的改善对金融主体发展具有协同增长效应；在次子系统层面，银行业和对外开放程度与系统有序演化形成正反馈机制；沿线省域金融生态系统协同水平差异整体呈缩小趋势。

四、区域金融协同的影响因素

现有文献主要分析了区域金融发展溢出和金融一体化的影响因素。张颖熙（2007）发现金融发展并没有促进金融一体化程度上升，制约因素包括现行金融体制和金融政策、地方条块分割、中央银行的宏观调控和微观指导能力等。卢亚娟和刘骅（2019）用熵值法测度了长三角地区科技金融发展指数，基于引力模型分析发现，地区间科技金融发展关联性与科技金融发展水平有关。吴金旺和顾洲一（2019）以 2011~2018 年长三角地区 25 个城市为样本，发现长三角地区数字普惠金融曲线的差异呈现缩小的趋势。互联网金融战略效应和互联网金融不确定性会影响数字普惠金融发展。黄国平和方龙（2020）指出长三角金融一体化发展的制约因素包括金融不平衡与金融分割、现代化资本市场体系尚未形成共存、金融基础设施与金融生态尚不完善、金融一体化的合作协调机制有待强化等。林键等（2020）研究了长三角区域的信贷一体化，发现苏浙皖三省的经济信贷比扩散程度呈现明显的倒"U"型特征，阻碍金融一体化的因素包括商业银行管理体制缺陷、跨区域经营限制、公共信息不对称以及金融治理能力短板等。左川等（2021）研究发现，金融基础设施对长三角金融一体化具有积极作用，主要体现在金融行业规模报酬变动率上，城市群规模会影响这一作用的大小。

五、区域金融协同的经济后果

既有文献主要考察了金融协同或一体化对区域经济增长、产业结构的影响。赵进文和苏明政（2014）发现我国存在省际巴拉萨—萨缪尔森效应，金融市场的一体化程度的上升会进一步增强这一效应。陈福中和蒋国海（2020）基于我国 1992~2017 年省级面板数据发现，金融协同有助于促进产业布局优化。分区域发现，这一结论在东部、中部、西部以及京津冀和长江经济带都成立，并且金融协同对京津冀产业布局的影响最为明显。王军和付莎（2020）基于我国 12 个重点城市群数据发现，金融一体化有助于缩小地区收入差距，作用机制包括加快区域内部经济要素流动和优化城市间产业结构。此外，在成渝城市群等发展型城市群中金融一体化的促进效应更加明显。田皓森和温雪（2021）利用 2006~2019 年

12 个重点城市群样本发现，城市群金融一体化促进了区域经济高质量增长，作用机制包括加快经济要素空间流动、促进产业结构优化升级和推动科学技术创新，成渝城市群等发展型城市群金融一体化对区域经济增长质量的改善效应更大，在后金融危机时期也更加显著。

第三节　京津冀绿色金融和金融协同相关研究

一、京津冀绿色金融相关研究

一是京津冀绿色金融发展现状和问题。李晶玲（2015）指出，京津冀协同发展中，绿色金融存在三地金融对接不足、缺乏环境风险评价标准等问题。张玉（2016）构建了绿色金融发展评估体系，发现 2012 年综合得分最高。刘宏海和魏红刚（2016）指出京津冀绿色金融中的主要问题包括绿色项目的经济外部性难以完全内部化、绿色项目信息披露不足、绿色金融产品较少等。刘宏海（2017）通过对京津冀绿色信贷、绿色债券、绿色 PPP 和碳交易的资金供求分析发现，京津冀绿色金融供给远远不足，存在很大的提升空间。王文静等（2021）评估了京津冀绿色金融发展效率，发现效率随时间发展波动式前进，经济发展状况、教育发展投入、污染治理投入是影响绿色金融发展效率的主要因素。

二是京津冀绿色金融发展和经济发展的关系。杨蕾和唐飞（2020）的实证研究显示，绿色金融对雄安新区 GDP 的发展具有正向的影响，但对其现有产业结构影响不显著。李敏和王雷（2022）利用京津冀 2013~2020 年数据评估了京津冀循环经济与绿色金融的发展程度，发现三地循环经济与绿色金融的发展水平不断提升，绝对水平上北京领先于天津和河北。北京和天津的循环经济与绿色金融处于高耦合阶段，河北处于良性耦合阶段。北京的耦合协调度为中度，天津和河北为基本协调阶段。

三是绿色金融在京津冀协同发展中的作用。牛桂敏（2017）指出，设立城市群产业绿色转型引导基金、建立绿色金融创新服务体系是京津冀协同绿色发展的重要保障机制。王丽娜（2021）分析了绿色金融支持京津冀协同发展的优势、劣势、机会和威胁因素。刘磊（2022）认为，北京积极发展绿色金融，建设绿色金融改革创新试验区有助于推动京津冀协同发展。

二、京津冀区域金融协同相关研究

一是京津冀区域金融协同的现状。大部分研究发现京津冀区域金融协同水平在不断提升，但协同程度仍不高。李喆（2012）、邬晓霞和李青（2015）、齐明等（2021）使用 F-H 模型发现京津冀区域金融一体化程度较以前有所提升。谷瑞和周宇函（2016）使用 F-H 模型发现京津冀的金融协同程度不高。张峰和肖文东（2015）、张婷婷（2017）也基于 F-H 模型发现了类似结论。还有一些学者采用了其他测度方法。高杰英和游蕊（2015）的研究结果显示京津冀中天津信贷扩散效应显著，北京和河北信贷呈现极化效应。康书生和杨铕宇（2016）利用灰色关联——多层次分析法发现，京津金融发展的协同程度最高，京冀最低；京津冀区域整体与河北省金融发展的协同程度最高，与北京的协同程度最低。杨铕宇（2016）发现京津的金融协同程度较高，而津冀的金融协同程度较低。周海鹏和李媛媛（2016）发现样本内大部分时间京津冀金融创新系统处于协调发展状态，但协同度量化值较低，波动较为剧烈。陈小荣等（2020）发现，京津冀金融协同程度虽然有所上升，但仍处于较低水平。

二是京津冀金融协同存在的问题。刘欣（2010）认为，京津冀地区资金使用效率低，资金配置不合理，经济与金融发展不协调。梁怀民（2013）认为，区域金融基础设施比较缺乏且多为独立运作、区域金融创新不足制约了京津冀金融协同发展。李文增（2014）认为，京津冀三地的经济落差较大，而且缺乏统一的金融合作机构。王琰和张鑫（2014）认为，现行监管政策和地方行政界限直接制约了资金跨区域流动。李俊强和刘燕（2016）发现，地方保护阻碍京津冀金融一体化。周京奎和白极星（2017）认为，京津冀金融一体化存在金融资源分布不平衡、金融要素市场行政分割严重、前瞻性战略规划不足、机制设计滞后等问题。

三是京津冀金融协同的经济后果。现有文献分析了京津冀金融发展的溢出效应和金融一体化对经济发展的影响。郑志丹（2016）的研究显示，京津冀的银行和保险业均对邻近区域产生"吸附效应"，而证券业则呈现出显著的"溢出效应"，京津冀银行业对经济增长的影响已由"吸附效应"跃迁为"溢出效应"。李俊强和刘燕（2016）使用京津冀 1995~2013 年的数据发现，京津冀金融一体化水平的提高促进了经济发展。

第四节 文献评述

既有文献为本课题的研究提供了良好基础和参考，但还存在一些不足之处。

第一，绿色金融发展评估不够完善。多数文献的绿色金融指标不全面，一般都包括绿色信贷指标，但是其他层面的绿色金融指标存在缺失，比如缺乏绿色私募、绿色债券等指标。另外，对绿色金融指标的刻画不够完整，一般仅包括数量层面的指标，没有涉及价格层面。因为缺乏系统的评估指标和充分的数据支持，现有文献对京津冀绿色金融发展状况的量化分析较少，不能全面准确地反映京津冀绿色金融发展的水平和特点。

第二，缺乏绿色金融协同发展研究。目前文献关于区域金融协同的研究相对较多，也有少量关于绿色金融支持区域经济协同发展的研究，绿色金融因其外部性特征更应注重区域协同发展，但目前对于绿色金融协同发展缺乏系统的研究。在明确各地绿色金融发展水平的基础上需要进一步测度区域绿色金融协同程度，分析绿色金融协同发展的障碍因素、经济效应以及提升机制。

第三，绿色金融的宏观经济效应的研究较少。绿色金融经济效果的文献大多是从微观层面研究绿色金融业务、绿色金融政策对金融机构和非金融企业的影响，从宏观层面研究绿色金融的经济效果的文献相对较少，并且基本都是研究绿色金融发展对当地经济增长、产业结构等的影响。金融应服务实体经济发展，绿色金融直接服务的是绿色经济，而绿色金融影响绿色经济的定量研究少，绿色金融协同影响绿色经济的研究则更少。

第三章　绿色金融协同发展的理论分析

京津冀绿色金融协同发展是京津冀绿色金融发展和京津冀金融协同发展的交汇领域。因此，分析京津冀绿色金融协同发展，需要同时考虑京津冀绿色金融发展和京津冀金融协同发展。

第一节　绿色金融发展的理论分析

一、从经济可持续发展看绿色金融发展的必要性

可持续金融理论是把可持续发展理念引入金融学研究和实践，指的是金融机构在经营理念、管理政策和业务历程中考虑社会与环境因素，推动环境保护和社区建设，从而促进经济可持续发展，同时反过来也有利于金融机构可持续发展（Lee 和 Yu，2020；Ziolo 等，2020）。此外，白钦先（2000）基于金融资源论提出了金融可持续理论，也就是金融作为一种经济发展所需的资源，同样面临合理开发和利用，从而实现可持续发展的问题。金融可持续发展强调金融资源的利用和经济的增长要相适应、相协调从而实现金融和经济共同长期持续发展的双赢局面。在这一意义上，可持续金融侧重于借助金融手段来实现经济可持续发展，金融可持续侧重于金融本身的可持续发展，但两者最终都指向金融和经济相互影响、相辅相成的关系。金融作为一种资源配置手段会影响经济发展，如果金融机构将资源更多地投放给污染企业，那长期来看会形成比较严重的资源浪费和环境污染，从而不利于经济可持续发展（张建鹏和陈诗一，2021）。而实体经济是金

融发展的基础，经济可持续发展才能为金融长久健康发展提供坚实支撑。

二、金融机构开展绿色金融业务的相关理论

（一）支持绿色金融发展的相关理论

第一，社会责任理论。现实中，各类金融机构往往会在社会责任报告或 ESG 报告中详细披露绿色金融业务情况。理论方面，社会责任领域的相关理论也为绿色金融业务发展提供了指导。具体而言，主要包括三类理论：一是利益相关者理论。利益相关者理论指出，企业的存续与政府、企业股东和债权人、供应商、雇员和消费者等利益相关者是密不可分的，更加重视社会责任和环境责任表现的企业普遍存在较少道德风险和逆向选择问题，更容易获取利益相关者的信任和支持。二是资源依赖理论。资源依赖理论指出，企业的生存和发展需要从外部环境汲取各类资源，积极投资于社会责任和环境责任能够帮助企业更好地满足利益相关者的诉求，从而获取利益相关者掌握的资源（Pfeffer 和 Salancik，1978）。三是竞争优势理论。竞争优势理论指出，企业通过履行社会责任和环境责任能吸引更优秀的员工、增强创新能力、采用先进生产技术等，从而提高自身的竞争力（Jones 和 Murrel，2001）。利益相关者通过与企业更密切地联系和互动可以更积极地监督企业，促使企业提高管理效率、完善治理机制。另外，企业积极承担社会责任和环境责任会增加产品的公益、环保等属性，增加产品的附加值和独特性，吸引社会意识和环保意识较强的利益相关者，从而获取差异化竞争优势（Siegel 和 Vitaliano，2007）。

第二，环境风险管理理论。风险管理是金融行业永恒的主题，环境风险管理理论认为金融机构应该将环境因素充分纳入风险管理流程。金融机构面临的环境风险包括以下几类：一是信用风险。污染类企业要达到环保标准，需要付出更高成本，减少了企业利润，增加了企业还款难度。如果企业未能达标，将面临严峻的处罚，包括罚款、整改甚至停业，从而直接削弱企业的盈利能力，引发企业违约（Finger 等，2018）。此外，对于"两高一剩"企业来说，其抵押品在生产经营过程中更容易被污染，从而价值受损，或者由于行业产能过剩原因，抵押品市场需求低，无法获得较高价格（刘常建等，2019）。二是法律风险。金融机构为企业的污染项目提供融资、咨询等服务可能会被追究连带责任，面临行政处罚、法律诉讼等风险（郭芳芳，2021）。三是声誉风险，金融机构为污染类项目提供资金支持，当出现严重的环境污染或社会风险事件后，金融机构的声誉会受损，

利益相关者的不满会转变为客户流失，从而增加金融机构的运营风险。金融机构在业务中考虑企业环境表现，更多支持绿色环保项目可以有效降低因企业环境问题引发的各类风险。

（二）制约绿色金融发展的相关理论

第一，外部性理论。绿色金融因其对环境的积极影响，具有一定的外部性特征。外部性是指经济活动中的经济主体的决策和行为会对其他经济主体的利益产生影响，但却没有给予相应赔偿或得到相应补偿的现象。外部性分为正外部性和负外部性。正外部性是指经济主体的行为对其他经济主体产生有利影响，负外部性是指经济主体的行为对其他经济主体产生不利影响。外部性导致私人成本（收益）和社会成本（收益）的不匹配，从而使经济主体的行为不足或过度。产生正外部性的私人行为往往不足，而产生负外部性的私人行为往往过度。绿色金融存在正外部性，对生态有益的金融决策可能会使金融机构失去更好的盈利机会，但同时没有获得足够的补偿。在这种情况下，金融机构不会提供足够的绿色金融产品和服务（李建和窦尔翔，2020；周茂清和王雁飞，2021）。

第二，权衡理论。权衡理论认为在资源有限的情况下，企业需要根据不同业务的收益成本，合理分配资源配置，以实现资源的充分利用。一方面，绿色金融的实施会使金融机构丧失部分客源。以商业银行绿色信贷为例，被限制贷款的企业很可能成为竞争对手的新客户，导致采取绿色信贷政策的银行短期利益受损（左振秀等，2017）。此外，对于前期投资较高的"两高一剩"行业，银行信贷存在被动续借问题，如若即刻停止对其放款可能会使企业资金链断裂，导致银行难以回收前期贷款，从而遭受严重损失。另一方面，绿色金融可能会挤占金融机构的核心业务资源（张琳等，2019）。目前大部分绿色金融业务处于探索起步阶段，还未成为金融机构的核心业务和主要盈利来源。为了满足不同利益相关者的诉求，金融机构在对有限的资源进行使用和分配时需要进行权衡，而承担环境保护的社会责任会强化其资源约束，导致金融机构将资金和人力用于绿色信贷等非核心业务活动，减少了可用于增强核心竞争力的资源，从而对金融机构产生消极影响（陶茜，2016）。

三、动态资产配置框架下对金融机构开展绿色金融业务的理论分析

金融机构开展绿色金融业务表现为资产结构中绿色资产占比提升、棕色资产占比降低，本质上是一个资产配置问题。绿色资产指经济主体在节能环保、污染

防治等资源节约型、环境友好型经济活动中形成的带来效益的资源。棕色资产是指经济主体在高污染、高碳（高能耗）和高水耗等非资源节约型、非环境友好型经济活动中形成的带来效益的资源。不过，这种资产配置问题并非单期资产配置，而是要兼顾短期和长期。从短期来看，绿色资产相对棕色资产收益较低，但随着环保政策加强等因素影响，中长期来看，绿色资产的相对收益会有所提升，而棕色资产的环境风险会不断增加，故而有必要动态分析绿色资产在不同期限的经济效益。在动态资产配置框架下，绿色资产和棕色资产均具有时变的收益、成本和风险函数，金融机构选择对两类资产的资金配置比例以最大化加总的贴现效用。对绿色资产的资金配置比例取决于其相对于棕色资产的收益、成本、风险以及金融机构的主观贴现因子四类关键变量，而这些关键变量本身会受各类驱动因素的影响。

简洁起见，本书首先分析单期金融机构的最优资产配置状况。假定金融机构需要将全部资金配置到绿色资产 G 和棕色资产 NG 两类资产。记假定绿色资产和棕色资产各自的净期望收益率为 $E(r_1)$ 和 $E(r_2)$，其中 $r_i = I_i - C_i$，I 为绿色资产的收益，C 为开展绿色金融业务引致的成本（不含风险成本）。两类资产的风险分别记为 σ_1 和 σ_2。金融机构通过选择对二者的配置比例 ω_1 和 ω_2 最大化其效用函数 $U = E(R) - \frac{1}{2} A \sigma_R^2$，其中 A 为风险厌恶系数，$E(R) = \omega_1 E(r_1) + \omega_2 E(r_2)$，$\sigma_R^2 = \omega_1^2 \sigma_1^2 + \omega_2^2 \sigma_2^2 + 2\rho \omega_1 \omega_2 \sigma_1 \sigma_2$（$\rho$ 是 r_1 和 r_2 的相关系数），求解该最大化问题可得：

$$
\begin{cases}
\omega_1 = \dfrac{A[\delta_2^2 - \rho \delta_1 \delta_2] + E(r_1) - E(r_2)}{A[\delta_1^2 + \delta_2^2 - 2\rho \delta_1 \delta_2]} \\[4mm]
\omega_2 = \dfrac{A[\delta_1^2 - \rho \delta_1 \delta_2] + E(r_2) - E(r_1)}{A[\delta_1^2 + \delta_2^2 - 2\rho \delta_1 \delta_2]}
\end{cases}
\tag{3-1}
$$

式（3-1）表明，风险越低、预期净收益率越高的资产获得的配置比例越高。因此有如下推论：提升绿色资产相对棕色资产收益、降低绿色资产相对棕色资产成本、降低绿色资产相对棕色资产风险，将有助于提高绿色资产占比。

上述分析仅考虑了单期银行资产配置决策，此处进一步考虑多期情况。假定时期分为 t = 0（短期）和 t = 1（长期），则金融机构的贴现效用函数可表示为 $U_0 + \beta U_1$，其中 β 代表贴现系数。进一步假定，金融机构在期初确定资产配置状况后不能调整，即 $\omega_{1|t=0} = \omega_{1|t=1}$，$\omega_{2|t=0} = \omega_{2|t=1}$，此时影响 ω_1 和 ω_2 的全部参数包括：①两类资产在短期和长期的净收益 $r_{1|t=0}$、$r_{1|t=1}$、$r_{2|t=0}$、$r_{2|t=1}$。②两类资产在

短期和长期的风险 $\sigma_{1|t=0}$、$\sigma_{1|t=1}$、$\sigma_{2|t=0}$、$\sigma_{2|t=1}$。③金融机构的短视程度(贴现系数)β。为方便推导,假定 $r_{1|t=1}=b_1 r_{1|t=0}$,$r_{2|t=1}=b_2 r_{2|t=0}$,$\sigma_{1|t=1}=c_1\sigma_{1|t=0}$,$\sigma_{2|t=1}=c_2\sigma_{2|t=0}$,其中 $b_1(b_2)$ 表示绿色资产短期收益与长期收益之比,$c_1(c_2)$ 表示绿色资产短期风险与长期风险之比。求解该两期两资产配置模型可得:

$$\begin{cases} \omega_1 = \dfrac{(1+\beta b_1)r_1 - (1+\beta b_2)r_2 + A\left[(1+\beta c_2^2)\delta_2^2 - (1+\beta c_1 c_2)\rho\delta_1\delta_2\right]}{A\left[(1+\beta c_1^2)\delta_1^2 + (1+\beta c_2^2)\delta_2^2 - 2(1+\beta c_1 c_2)\rho\delta_1\delta_2\right]} \\[4mm] \omega_2 = \dfrac{(1+\beta b_2)r_2 - (1+\beta b_1)r_1 + A\left[(1+\beta c_1^2)\delta_1^2 - (1+\beta c_1 c_2)\rho\delta_1\delta_2\right]}{A\left[(1+\beta c_1^2)\delta_1^2 + (1+\beta c_2^2)\delta_2^2 - 2(1+\beta c_1 c_2)\rho\delta_1\delta_2\right]} \end{cases} \tag{3-2}$$

进一步地,我们设定如下三种情形:情形一,所有参数不具有时变特征,即 $r_{1|t=0}=r_{1|t=1}$、$r_{2|t=0}=r_{2|t=1}$、$\sigma_{1|t=0}=\sigma_{1|t=1}$、$\sigma_{2|t=0}=\sigma_{2|t=1}$。情形二,绿色资产收益特征改善而棕色资产收益特征恶化:$r_{1|t=1}=2r_{1|t=0}$、$r_{2|t=1}=0.5r_{2|t=0}$、$\sigma_{1|t=0}=\sigma_{1|t=1}$、$\sigma_{2|t=0}=\sigma_{2|t=1}$。情形三,绿色资产风险特征改善而棕色资产风险特征恶化:$r_{1|t=0}=r_{1|t=1}$、$r_{2|t=0}=r_{2|t=1}$、$\sigma_{1|t=1}=0.5\sigma_{1|t=0}$、$\sigma_{2|t=1}=2\sigma_{2|t=0}$。商业银行贴现系数 $\beta=1$。

对于情形一,由于短期和长期金融机构面临的资产配置问题不变,因此不难求出:

$$\begin{cases} \omega_1 = \dfrac{A\left[\delta_2^2 - \rho\delta_1\delta_2\right] + r_1 - r_2}{A\left[\delta_1^2 + \delta_2^2 - 2\rho\delta_1\delta_2\right]} \\[4mm] \omega_2 = \dfrac{A\left[\delta_1^2 - \rho\delta_1\delta_2\right] + r_2 - r_1}{A\left[\delta_1^2 + \delta_2^2 - 2\rho\delta_1\delta_2\right]} \end{cases} \tag{3-3}$$

对于情形二,求解该最大化问题可得:

$$\begin{cases} \omega_{12} = \dfrac{A\left[\delta_2^2 - \rho\delta_1\delta_2\right] + 1.5r_1 - 0.75r_2}{A\left[\delta_1^2 + \delta_2^2 - 2\rho\delta_1\delta_2\right]} \\[4mm] \omega_{22} = \dfrac{A\left[\delta_1^2 - \rho\delta_1\delta_2\right] + 0.75r_2 - 1.5r_1}{A\left[\delta_1^2 + \delta_2^2 - 2\rho\delta_1\delta_2\right]} \end{cases} \tag{3-4}$$

对于情形三,求解该最大化问题可得:

$$\begin{cases} \omega_{13} = \dfrac{A\left[5\delta_2^2 - 2\rho\delta_1\delta_2\right] + 2r_1 - 2r_2}{A\left[1.25\delta_1^2 + 5\delta_2^2 - 4\rho\delta_1\delta_2\right]} \\[4mm] \omega_{23} = \dfrac{A\left[1.25\delta_1^2 - 2\rho\delta_1\delta_2\right] + 2r_2 - 2r_1}{A\left[1.25\delta_1^2 + 5\delta_2^2 - 4\rho\delta_1\delta_2\right]} \end{cases} \tag{3-5}$$

$\omega_{i|情形j}$ 简写为 ω_{ij},代表金融机构两种资产的配置比例,其中 $i=1$ 为绿色资

产，i=2 为棕色资产，j=1，2，3 为 3 种不同的情形。可以比较直观地看出 $\omega_{12}>$ ω_{11}，$\omega_{22}<\omega_{21}$，即长期来看，如果绿色资产收益相对棕色资产收益有所提升，金融机构将会提高绿色资产配置比例。对 ω_{13} 和 ω_{11} 求差值可以获得：

$$\omega_{13}-\omega_{11}=\frac{A\left[\left(r_1-r_2\right)\left(0.75\delta_1^2-3\delta_2^2\right)+\delta_1\delta_2\left(3.75\delta_1\delta_2-0.75\rho\delta_1^2-3\rho\delta_1^2\right)\right]}{A\left(1.25\delta_1^2+5\delta_2^2-4\rho\delta_1\delta_2\right)\left(\delta_1^2+\delta_2^2-2\rho\delta_1\delta_2\right)} \tag{3-6}$$

当第一期 $r_1<r_2$、$\sigma_1<\sigma_2$ 且 $\rho<0$ 时，$\omega_{13}>\omega_{11}$，$\omega_{23}<\omega_{21}$。也就是初期绿色资产收益小于棕色资产，绿色资产风险小于棕色资产，并且绿色资产收益和棕色资产收益负相关时，如果棕色资产风险相对绿色资产风险在长期内进一步提高，银行会提高绿色资产配置比例。这与现实也是比较相符的，绿色资产环境风险小，但是在期初受绿色资产收益未能充分内部化、绿色资产业务新增成本等因素的影响，绿色资产收益会相对较低。随着绿色经济发展以及环保标准提升，绿色资产收益提升、棕色资产收益降低，两者呈现一定的负相关特征。

此外，ω_{11} 和 ω_{21} 也是情形二和情形三下，商业银行贴现系数 $\beta=0$ 的最优解。这意味着如果银行短视，不重视绿色资产和棕色资产收益、风险随时间的推移，那么就会配置相对较低比例的绿色资产。

第二节　金融协同发展的理论分析

一、金融协同发展必要性的理论分析

冒着过度简化的风险，我们将一国内临近地区金融协同问题类比为国与国之间的金融一体化（Financial Integration）问题。对于金融一体化的经济后果，既有文献已经进行了充分的理论分析。典型的模型如下：

为了说明金融一体化如何直接影响经济增长，我们考虑资本的边际产品、资本市场均衡和稳定状态增长率（Pagano，1993；Montiel，2011）：

第一，资本的稳态边际产出：$f'(k)=r+\delta\Rightarrow r=A-\delta$，其中 $A=f'(k)$。该式表明，资本的边际产出等于利率（资本成本）r 加上折旧率 δ。这代表了在封闭经济中投资的均衡条件。

第二，资本市场平衡条件：$\varphi S_t=I_t$。该公式表示资本市场均衡，在封闭经济中，总投资等于"有效"储蓄，即金融中介过程中未吸收的总储蓄部分。国内总储蓄是对封闭经济中总投资的限制，在资本贫乏的国家，由于储蓄有限，利率将会很高。

第三，经济稳态增长率：$g_y = A\varphi s - \delta$。该式表明，稳态增长取决于资本边际生产率（A）、流向投资的储蓄比例（φ）和储蓄率（s）。

金融发展可以通过增加φ、A 和 s 促进经济增长 g_y。在其他条件相同的前提下，两个经济体中一个金融发展水平较高（经济体1），另一个金融发展水平较低（经济体2），且不存在资本流动，则有：

$$\varphi^1 > \varphi^2,\ A^1 > A^2\ and\ s^1 > s^2 \Rightarrow g_y^1 > g_y^2 \tag{3-7}$$

其中，经济体 1 和经济体 2 分别代表第一国和第二国，这说明金融体系更发达的国家应该有更高的经济增长率。

在此基础上，我们考虑金融一体化的效应。假定资本可以自由流动，上述均衡条件将变为：

第一，资本边际产出：$f'(k^*) = r^* + \delta \Rightarrow r^* = A^* - \delta$，其中 r^* 代表世界利率。

第二，资本市场平衡条件：$\varphi^*(S_t + CF_t) = I_t^*$，其中 CF_t 是国际资本净流量。

第三，新的稳态增长率可以表示为：$g_y^* = A^* \varphi^* s^* - \delta$。

假定 r^*（世界利率）低于经济体 2 的国内利率。如果我们假设世界其他国家有更多的资本每单位有效劳动力，我们进一步假设由于发展中国家很小，它不影响世界价格。如果发展中国家开放金融体系，向世界其他国家放开其资本账户，投资者将把资金转移到发展中国家获取较高的回报，直到回报的差异被消除。在没有任何摩擦的情况下，该模型表明，向发展中国家的资本流入有所增加（也就是 $CF_t > 0$），资本的流入将有助于增加国内储蓄（$s^* > s$），进而引起国内投资上升（$I^* > I$），从而促进经济在更高的增速上达到均衡（$g_y^* > g_y$）。由此可见，金融一体化有助于"穷国"实现更高的经济增长。

总结既有研究，金融一体化对经济增长的潜在影响渠道包括：

第一，金融一体化促进资本流动。具体而言，金融一体化促使资本欠缺国家获得了更多投资，同时为资本富余国家投资者提供了其国内不具备的较高资本回报率。资本欠缺国家因投资增加而获得更高的经济增速，资本富余国家也在此过程中获得更多投资收益，在一定程度上分享了资本欠缺国家的高增长红利。

第二，金融一体化加强风险分担。金融一体化同时为本国投资者和外国投资者提供了更为便利的风险分担机会，这种风险分担不仅发生在资本富余和资本欠缺国家投资者之间，还可以发生在资本富余和资本富余国家的投资者之间。增强的分散风险能力能够鼓励企业增加投资、家庭增加消费，从而促进增长。

第三，金融一体化降低资金成本。资本流动不仅影响投资数量，还同时影响资本成本，尤其是对于资本欠缺国家而言，金融一体化带来的资本流入将有效降低其无风险利率。

第四，金融一体化带来"溢出效应"。这种溢出效应同时体现在实体经济和金融部门两方面。一方面，金融一体化帮助资本欠缺国家吸收更多的外国直接投资（FDI），而外国直接投资可能推动技术扩散以及良好管理实践的推广。这样的"溢出效应"能够提高总体生产率，从而推动经济增长。另一方面，金融一体化能够刺激资本欠缺国家金融部门的成长。以银行部门为例，外资银行进入会使本土商业银行产生强大的竞争压力，从而产生"鲇鱼效应"迫使本土商业银行积极改善经营管理水平（Levine，1996）。另外，外资银行可以通过"溢出效应"使本土商业银行更迅速地掌握外资银行相对先进的经营管理经验、提高金融服务水平、提升风险控制能力（Gorton和Winton，1998；Kaas，2004；李伟和韩立岩，2008）。

需要说明的是，金融一体化在促进经济增长的同时，也可能增加了经济波动。诸多证据表明，对于资本欠缺国家，国内金融自由化措施顺序不当加上资本账户自由化会增大国内银行危机或者汇率危机的风险。具体而言，金融一体化（金融开放）可能通过如下渠道影响资本欠缺国家的金融风险：

第一，放大金融机构经营风险。封闭条件下，由于缺乏竞争金融机构效率往往较低。开放条件下，市场准入限制被降低后，国外一流金融机构强有力的竞争将抢夺国内金融机构的优质客户和业务。在竞争压力下，国内金融机构的利差降低，利润下降，风险抵御能力也很可能会下降。

第二，加剧金融体制的脆弱性。金融市场开放后，金融机构的资本来源和运用，资金清算和信用评估都成为全球性活动，产生连锁性风险事件的概率加大。金融开放后，投资者对利率、汇率等市场变量的灵敏性大大提高，国际资本流动会带来外在国际金融危机的传染，为金融风险爆发起到推波助澜的作用。

第三，削弱国内货币政策的独立性。根据国际金融学中著名的"不可能三角"，资本跨境自由流动条件下，固定汇率和独立货币政策不能兼得。维护汇率相对稳定便意味着通过调节货币工具来稳定金融市场的政策空间将大为受限，维护金融稳定的难度增加。不仅如此，资本自由流动条件下，货币政策稳定物价和宏观经济的能力也将受到严重削弱：投机性资本涌入会造成宏观经济过热和通货膨胀，产生资产泡沫；反之，资本大量外流则导致本币迅速贬值，资产价格下跌，甚至酿成金融危机和经济衰退。

第四，带来金融监管方面的全新挑战。金融开放条件下，金融机构的多样性和金融交易的国际性提高了监管者获取信息的成本。例如，获取境外投资人信息时，监管机构将面临外国银行保密法、监管主权等障碍，难以获取金融机构的信息以及进行现场监管。金融开放还会导致大量监管空白。此时金融产品（如衍生品和结构化产品）变得异常复杂，监管范围往往落后于新型金融业务的发展。各国的金融监管规则和执行力度不一，也给跨国金融机构管理造成不便。

综上所述，国别层面的金融一体化有利有弊。不过，当我们将视线从国别层面聚焦到一国内部的临近区域时，金融一体化的消极影响将在很大程度上不复存在，此时金融一体化的积极影响将占据主导地位。

二、金融协同发展的动力和障碍因素分析

金融协同在微观金融机构层面的表现是金融机构的国际化或跨区经营。其中，金融机构国际化是针对国别金融一体化而言的，金融机构跨区经营是针对国内金融协同而言。与上一节将资产组合理论应用于分析金融机构如何在绿色资产和棕色资产之间进行选择类似，此处我们借鉴 Berger 等（2017）的研究分析金融机构如何在外地资产和本地资产之间进行选择。实际上，Berger 等研究的是银行国际化与银行风险承担之间的理论关系，其研究认为，国际化业务对风险承担具有风险分散和风险加剧双重影响渠道，其综合效应需要实证检验：一方面，风险分散效应是指在本国和外国信贷资产收益率相关性较低和外国信贷资产风险相对不高的前提下，采用国际化战略的本国银行整体资产组合的风险将有所降低。同时，跨国银行相比国内银行拥有更为丰富的信贷资产组合配置方式，这在降低信贷组合风险的同时还有助于提升其组合收益（Laeven 和 Levine，2007；Goetz 等，2016）。另一方面，风险加剧效应是指在外国信贷资产相对本国信贷资产的风险更高，外国信贷资产与本国信贷资产收益相关性相对不低的前提下，持有外国信贷资产反而会增加银行风险。基于委托代理理论，银行异地扩张导致银行组织体系更为复杂，分支机构数量增加，且分支机构与总部距离扩大；分支机构数量增加引致了更大的固定成本，同时还分散了总部对分支机构的监管精力，从而增加了银行风险成本；分支机构的经理人有动机为追逐业绩和个人私利而提高风险资产持有。除委托代理理论外，东道国与母国文化差异、制度差异、竞争格局

等原因均可能导致国外分支机构的风险上升（Berger 等，2017）。具体而言，我们的模型设定如下：

假设一家当地经营的银行向外地扩展业务，这家银行将有一个包含两种风险资产的简单投资组合：预期收益率为 μ_F、标准差为 σ_F 的外地资产和预期收益率为 μ_D、标准差为 σ_D 的当地资产；两项资产的相关系数为 ρ_{FD}，银行的当地资产占总资产的比率为 w，该比率范围为 0~1。该投资组合的预期收益率为：

$$\mu_P = w\mu_F + (1-w)\mu_D \tag{3-8}$$

该投资组合的方差为：

$$\sigma_P^2 = w^2\sigma_F^2 + (1-w)^2\sigma_D^2 + 2w(1-w)\rho_{FD}\sigma_F\sigma_D \tag{3-9}$$

该投资组合的标准差为：

$$\sigma_P = \sqrt{w^2\sigma_F^2 + (1-w)^2\sigma_D^2 + 2w(1-w)\rho_{FD}\sigma_F\sigma_D} \tag{3-10}$$

我们的（反向）风险度量指标是夏普比 SR（Sharp Ratio）。一家跨区经营银行的 SR 是：

$$SR = \frac{\mu_P}{\sigma_P} \tag{3-11}$$

将式（3-11）中的 SR 重写为：

$$Z = \frac{w\mu_F + (1-w)\mu_D}{\sqrt{w^2\sigma_F^2 + (1-w)^2\sigma_D^2 + 2w(1-w)\rho_{FD}\sigma_F\sigma_D}} \tag{3-12}$$

我们试图评估跨区经营对风险的影响，即国外资产比率 w 对 SR 的影响：

$$\partial SR/\partial w = \frac{\partial\left[\dfrac{\mu_P}{\sigma_P}\right]}{\partial w}$$

$$= \left[\frac{\left[(1-w)\sigma_D^2 + w\rho_{FD}\sigma_F\sigma_D\right]}{\left[w^2\sigma_F^2 + (1-w)^2\sigma_D^2 + 2w(1-w)\rho_{FD}\sigma_F\sigma_D\right]^{\frac{3}{2}}}\right]\mu_F -$$

$$\left[\frac{\left[w\sigma_F^2 + (1-w)\rho_{FD}\sigma_F\sigma_D\right]}{\left[w^2\sigma_F^2 + (1-w)^2\sigma_D^2 + 2w(1-w)\rho_{FD}\sigma_F\sigma_D\right]^{\frac{3}{2}}}\right]\mu_D \tag{3-13}$$

我们不能明确地给出这个导数的符号，但可以对其进行定性分析。较高的 w 对 Z 的影响关键取决于 ρ_{FD} 和外地资产的相对风险（即 σ_F 与 σ_D 的大小和 μ_F 与 μ_D 的大小）。在两种明确的情况下，相关性和相对风险直观地表明，增加对外地资产的投资导致风险增加或降低。

情况1：负相关和相对较低的外地资产风险，即 $\rho_{FD} \leqslant 0$、$\sigma_F < \sigma_D$、$\mu_F > \mu_D$。此时 $\dfrac{\partial SR}{\partial w}$ 大概率为正。这意味着当回报的相关性为负，且外地资产相对安全时，更多的外地资产降低了整体投资组合的风险。

情况2：正相关和相对较高的外地资产风险，即 $\rho_{FD} > 0$、$\sigma_F > \sigma_D$、$\mu_F < \mu_D$。此时 $\dfrac{\partial SR}{\partial w}$ 大概率为负。这意味着当回报的相关性为正，且外地资产相对有风险时，更多的外地资产会增加整体投资组合的风险。

上述两种情形对应于关于跨区经营程度（w）对银行风险（SR）的影响的两个假设：多样化假说和市场风险假说。如果地区间的资产回报不是高度相关（ρ_{FD} 较小）且相对当地资产，外地资产没有风险（即相对于 σ_D，σ_F 不是太大；相对于 μ_D，μ_F 也不是太低）时，多样化假说成立，即跨区经营银行风险更低 $\left(\dfrac{\partial SR}{\partial w} > 0\right)$。如果市场特定因素使外地资产相对有更高的风险（即相对于 σ_D，σ_F 更高；相对于 μ_D，μ_F 更低），除非它们被低相关性 ρ_{FD} 抵消，市场风险假说成立，即跨区经营银行风险更高 $\left(\dfrac{\partial SR}{\partial w} < 0\right)$。

第三节　区域绿色金融协同发展问题的独特性分析

前述理论分析表明，影响金融机构跨区经营和区域金融协同的关键在于区域间资产收益率、风险特征和收益率相关性。因此，分析区域绿色金融协同的关键在于，明确绿色金融业务收益和风险的特征。

绿色金融业务风险即金融机构开展绿色金融业务时承担的金融风险。金融机构面临着各类金融风险，如信用风险、市场风险、流动性风险、操作风险等，这是所有金融业务的共性风险。不过，由于绿色金融业务的一些独特性，金融机构开展绿色金融业务中除了以上风险外可能面临更大的风险，这是绿色金融业务的特性风险。

从金融机构的角度来看，绿色金融业务的特性风险主要源于偏低的收益率和偏高的成本。绿色金融业务的平均收益率偏低，这就从根本上压缩了金融机构开展绿色金融业务的合理利润空间。如果金融机构要在绿色金融业务上实现盈利，就必须承担更高的搜寻成本来降低金融机构与各绿色项目之间的信息不对称，这虽然降低了绿色金融业务的信息成本，但却增加了其业务成本。由此导致金融机构绿色金融业务的风险定价能力较弱，难以通过合理定价转移风险并实现预期盈利。具体而言：

第一，绿色金融业务的平均收益率偏低。绿色项目收益率偏低主要有两方面原因：一是绿色项目的正外部性难以内部化。绿色项目带来环境改善的正外部性。例如，清洁能源项目可以通过减排使许多人受益，但并非所有受益人都会向该项目付钱。因此，这样的项目收益率可能达不到市场的预期。二是一些绿色项目本身的商业模式存在缺陷，虽然具有一定的环境效益，但经济效益过低，缺乏稳定的还款来源，难以实现可持续发展。此外，许多绿色项目由于其技术特点，面临着其他产业所不存在的特殊风险。比如，光伏和风力发电面临着日照时间和风力不确定的风险，绿色建筑面临着所用技术是否能达到节能、节水标准的风险，许多环保和节能设备面临着性能不稳定的风险。这些风险进一步制约了绿色项目为投资者提供稳定的回报。绿色项目收益率低从根本上降低了商业金融机构参与绿色项目的动力、增加了金融机构参与绿色项目的风险。

第二，绿色金融业务成本偏高。一是绿色金融业务的业务成本偏高。一方面，在项目搜寻、评估认证、信息披露等环节，金融机构都需要付出额外成本。另一方面，对于新兴的绿色金融业务，金融机构在组织建设、能力培养和人才储备方面准备不足，客观上增加了开展绿色金融业务的成本。此外，关于环境保护的法律法规存在的标准过低、执法不严的问题，这也会增加金融机构开展绿色金融业务的成本。二是绿色金融业务的信息成本偏高。换言之，金融机构开展绿色金融业务时面临更高的信息不对称问题。一方面，由于绿色信息披露不完善、认证评级不规范、绿色数据管理较为分散（比如，环境保护部门收集的数据不与金融监管机构和投资者共享）等原因，金融机构无法获得绿色资产的足够信息，或者需要付出较高的搜集成本才能掌握绿色资产的相关信息。另一方面，当前绿色金融标准尚待完善，绿色项目的界定标准和绿色项目环境效益的测度标准尚不统一，这容易形成套利空间和漂绿风险①，导致金融机构无法有效界定项目是否为

---

① 漂绿（Green Washing）即企业生成将资金用于绿色项目，但实际上相应项目的环境效益较小，并未达到绿色项目标准。

绿色项目和绿色程度。

结合绿色金融和金融协同的相关理论模型可知，如果绿色金融的收益较低、成本较高，将会降低绿色金融资源跨区流动和配置的动力，各利益相关群体之间要成功达成收益分享和成本分摊协定也比较困难，从而阻碍绿色金融协同发展。从风险的角度看，绿色金融可以降低金融机构环境风险，会成为推进绿色金融协同的有利因素，但是跨区经营会加大信息不对称问题，特别是环境信息披露不完全问题，从而造成金融风险增加、阻抑绿色金融协同发展的局面。

除了绿色金融和金融协同的相关理论，公共治理理论也能为明确京津冀绿色金融协同发展不足的原因提供参考。公共治理理论强调重视社会网络中政府以外的社会组织的治理作用，是一种多元化、自组织、协商合作的治理模式。公共治理理论认为城市的传统粗放增长、高度集权、政府过分管制、社会利益难以表达、群众参与监督乏力的管理模式难以实现城市低碳发展与转型（陆小成，2016）。绿色金融协同需要多方力量合作，包括政府、金融机构、企业以及公众等，而单一的治理主体制约区域间资源与力量整合，不利于实现绿色金融资源的跨区配置。

通过绿色金融协同推进京津冀地区低碳发展是整合政府、企业、社会组织、人民群众乃至跨区域利益的必然需要。传统由上到下高度集权和政府管制的单一治理主体结构阻碍城市社会各主体的利益表达、利益综合，阻碍绿色金融协同发展中各利益主体的创新动力和发展活力。绿色金融和低碳发展存在巨大的经济和社会正外部性，特别是跨区域的绿色金融资源配置会涉及更多的利益主体，单靠政府的治理力量推动绿色金融协同发展，成本高、难度大。如果不拓宽治理主体，不能有效输入和表达各个群体的利益需求，不能有效整合社会资源和力量，将很难实现绿色金融的协同发展。京津冀绿色金融协同发展不是政府唱独角戏，传统的由上至下、政府管制的单一治理主体有待拓宽，应是各级政府、城市企业、社会组织、社会群众等多元主体参与和多中心治理。

第四章　京津冀绿色金融发展现状分析

分析京津冀绿色金融协同发展现状，必须首先明确京津冀绿色金融的发展现状。2016 年，国家七部委联合出台了《关于构建绿色金融体系的指导意见》，意见中明确规定绿色金融工具包括但不限于绿色信贷、绿色债券、绿色股票（含股指）、绿色基金、绿色保险、碳融资等。从交易市场来看，以绿色信贷、绿色债券为代表的金融产品是基于现有金融体系构建的绿色金融工具，碳排放交易权市场等金融产品是融合环境效益、突破传统金融框架的金融创新产品；从投融资来看，融资端包括绿色信贷、绿色债券、绿色产业基金等，投资端主要是以 ESG 为主体的绿色基金，其引导更多资本流向绿色环保等可持续发展领域。本章我们将根据绿色金融工具的分类分析京津冀地区的绿色金融政策和发展现状。

第一节　绿色金融工具

一、绿色信贷概念界定

绿色信贷是指利用信贷手段促进节能减排的一系列政策、制度安排及实践。绿色信贷一方面向节能环保等绿色产业提供资金支持，另一方面对"两高一剩"或违反能源效率和环境保护法律法规的公司或项目予以处罚。狭义来说就是商业银行投向节能环保项目与服务的信贷。

目前国际上已经形成了具有代表性和引导性的绿色信贷准则并已得到较为广泛的应用。我国从政策入手，通过构建监管体系、规范统计分类制度、完善考评框架，以及通过央行绿色再贷款将绿色信贷纳入宏观审慎评估体系（MPA）等，鼓励商业银行开展绿色信贷业务，使绿色信贷成为我国绿色金融发展中起步最早、发展最快、政策体系最为成熟的产品。

二、绿色债券概念界定

绿色债券通常是指募集资金直接或间接支持有利于改善气候、空气、水、土壤、生态、能源消耗等环境友好型项目的债券融资工具，国际和国内诸多机构均对绿色债券做出了界定（见表4-1）。总体而言，各机构在定义绿色债券时各有侧重，但不管是强调环境治理还是应对气候变化，将募集资金专门用于符合可持续发展的绿色项目是绿色债券的基本属性。

表4-1　绿色债券定义

机构名	对绿色债券的定义
国际资本市场协会	募集资金专门用于绿色项目的债券工具，绿色项目包括但不限于可再生能源、节能、垃圾处理等七大类
气候债券倡议组织	募集资金专门用于符合规定条件的绿色项目的债券工具。其中绿色项目类型包括太阳能、风能、快速公交系统等
世界银行	向固定收益类投资者募集资金，专项用于缓释气候变化或帮助受此影响的人们适应变化的项目
发改委	募集资金主要用于支持节能减排技术改造、绿色城镇化、能源清洁高效利用等绿色循环低碳发展项目的企业债券
上交所和深交所	依照《公司债券管理办法》及相关规则发行的、募集资金用于支持绿色产业的公司债券
证监会	符合相关法律法规的规定，募集资金用于支持绿色产业项目的公司债券

三、绿色股票概念界定

（一）绿色股票的概念和意义

绿色证券作为环保与证券的结合，主要是指"政府在证券市场的监管中纳入环境保护的理念与方法，有机整合环境保护与证券监管制度的功能和优势，通过上市公司环保核查制度、上市公司环境信息披露机制和上市公司环境绩效评估制度，将资金引向'绿色企业'，防范环境和资本风险。绿色证券通过相关监管部门的激励与惩罚措施，为环境友好型上市企业提供各种融资便利和优惠待遇，对不符合环保要求的企业进行严格的限制"。绿色股票有利于引导资金、资源向低碳环保领域进行合理配置，同时在此过程中强化环境信息披露与环境绩效评估。具体而言，绿色股票有如下特色：

一方面，绿色股票具有公众参与特性。通常大部分绿色金融工具都属于财政、金融和监管类的激励机制，从而降低融资成本或提高项目收益，以帮助绿色投资项目达到合理的回报率，这是一个自上而下的过程。相比之下，绿色股票主要通过对社会公众公开募集资金，普通大众可以通过购买基于绿色股票开发的指数型产品参与到从事环境改善和保护的上市公司中来，甚至养老金、保险资金等大型机构投资者也可将资金投入到绿色上市公司中，发挥社会责任属性，这是一个自下而上的过程。

另一方面，基于绿色股票开发的绿色股票指数产品能够更大程度上分散风险。无论是绿色信贷、绿色债券、绿色基金甚至绿色保险，都是投资在单一或几个绿色项目上，这样风险集中度很高，违约风险较大。但是绿色股票指数是组合投资，通过分散降低单个项目和公司的风险，最大限度降低风险，有利于公众投资。

（二）绿色股票的认定方式

结合绿色股票的界定，目前国际上对绿色股票进行分类的方法主要有以下几种：

1. 基于绿色行业

以 Sustainablebusiness.com 为例，该平台提供一系列与绿色经济相关的产品和服务，网站上提供的绿色股票池主要包括如下行业（见表4-2）。

表4-2　绿色股票池涉及的绿色行业

生物质/生物燃料	天然保健品
清洁技术指数	回收/绿色化学品/建筑相关
效率	可再生能源项目开发商
储能	太阳能
金融	运输
燃料电池	水
地热	风
天然食品	

资料来源：https://www.sustainablebusiness.com/。

该平台是基于调研了多个绿色投资方面的专家和机构，综合多方的评估衡量来确定绿色股票池。目前，NASDAQ OMX Green Economy Index 的成份股从 Sustainablebusiness.com 的绿色股票池中选取。

与此类似的是，联合国《综合环境经济核算手册 2003》（SEEA 手册）将"环境产业"（即环保产业）分为资源管理、清洁技术与产品和污染管理。SEEA 手册的环境产业结构分类较完整、涵盖面较全，也能为绿色股票界定提供重要的参考。

2. 基于绿色收入

通过对公司业务的绿色来源进行分析，借助低碳产业分类系统，计算出绿色利润以及绿色利润在每家公司总营业利润中的占比。如公司骑士（Corporate Knights）、全球影响力投资（HIP Investor）、富时（FTSE）等机构就是采用这种方法。

以 HIP 为例，按照 FTSE 行业分类标准将公司收入分解成不同业务来源，并依据该公司的"Industry Segment Green Rating"计算绿色收入的总比重。例如，A 公司的收入可以分为医疗设备（60%）和药品（40%）两部分来源，其中医疗设备的绿色评级为 0.75，药品的绿色评级为 0.7，则该公司的绿色收入得分 Green Revenue Score＝60%×0.75+40%×0.7＝0.73。

3. 基于环境影响

环境影响的评价主要包括影响气候变化的碳排放量、能源与资源损耗量、环境污染物排放量（见表 4-3）。这是目前主要机构采用的评价方法，如 Trucost、碳排放披露计划（Carbon Disclosure Project，CDP），以及全球证券交易所联合会（World Federation of Exchanges，WFE）和可持续证券交易所（Sustainable Stock Exchanges，SSE）中关于 ESG 指南的规定都采用这类方法。这种方法的优点在于比较直接，缺点在于数据难以获得，通常市场机构会采用模型估算的方法。

表 4-3 评估环境影响的项目和指标

项目	指标
影响气候变化的碳排放量	碳排放/温室气体排放
	碳足迹

续表

项目	指标
能源与资源损耗	单位产值耗新水
	每单位销售额水强度
	每千桶油当量水密度
	单位产值综合能耗
	每单位销售额能源强度
	生产每千桶油当量的能源密度
	可再生能源利用
环境污染物排放量	有毒排放和废弃物
	电子垃圾
	气态污染物
	液态污染物
	固态污染物
	有害物质泄漏数（千吨）

资料来源：Trucost。

4. 基于绿色生产力

绿色生产力就是绿色收入与能源消耗的比例。以 Corporate Knights 为例，该网站对绿色/可持续上市公司进行评价。按照不超过 12 个指标进行评分，并且在同行业内部比较。其中环境指标包括：能源生产率＝收入（美元）/能源使用（千兆焦耳）、碳生产力＝收入（美元）/温室气体排放（温室气体协议范围1+2）、水生产率＝收入（美元）/取水量（立方米）、废物生产率＝收入（美元）/产生的非再循环或再利用废物（公吨）。

5. 基于环境风险

通过搜寻公司在环境方面的新闻事件、处罚决定等信息，对公司进行环境风险评分，如碳足迹变化、全球污染（包括气候变化和温室气体排放）、局部污染、对生态系统和景观的影响、过度使用和浪费资源、废弃物问题等。如 RepRisk 的 ESG 风险评价，最终会给出上市公司的环境风险评分和等级。

四、绿色基金概念界定

作为中国绿色金融体系中一项重要金融工具，绿色基金是指响应政府绿色发展战略，履行绿色社会责任，能直接或间接产生环境效益，以绿色经济、绿色事业为资金投放方向或以绿色、可持续发展为价值取向的投资基金或公益基金。绿色基金属于更广义的 ESG 基金的范畴。狭义的 ESG 基金（纯 ESG 基金）指的是根据基金合同，基金的投资策略中完整地包含了环境、社会、公司治理投资理念，而不仅仅是其中的某一方面。广义的 ESG 基金（泛 ESG 基金）指的是，基金虽然没有将 ESG 投资理念的三个主题全部纳入到投资决策的过程当中，但是考量了与其中任一方面相关的因素。因此，狭义的 ESG 基金和将环境因素纳入投资决策过程中的广义 ESG 基金共同构成了绿色基金。考虑到公募基金和私募基金在募集方式、信息披露要求、投资门槛、投资方向上存在较大差异，本书将分别考察绿色公募基金和绿色私募基金。

五、绿色保险概念界定

绿色保险是绿色金融的重要组成部分，基于此，绿色保险主要是指在支持环境改善、应对气候变化和资源节约高效利用等方面提供的市场化保险风险管理服务和保险资金支持。

绿色保险负债端主要向清洁能源及节能环保的电力基础设施、新能源汽车、绿色建筑、绿色基建等领域的公司和项目提供责任保险、保证保险等细分财产保险产品及相关服务。绿色保险资产端主要向相关绿色产业进行投资，发挥保险资金长久期和稳健的特征。

六、碳金融相关概念界定

与碳金融密切相关的概念包括碳定价、碳资产、碳市场等，明确这些概念对于准确理解碳金融至关重要。

（一）碳定价

碳定价是针对温室气体排放负外部性问题采取的外部性内部化措施。碳定价的主要方法有两种：一是"庇古税"演化而来的碳税；二是基于"科斯定理"演化而来的碳交易市场。

（二）碳资产

碳资产是指强制碳排放权交易机制或者自愿排放权交易机制下，产生的可以直接或间接影响组织温室气体排放的配额排放权、减排信用额及相关活动。

（三）碳市场

碳市场作为碳定价的机制之一，指的是以碳排放权为标的资产进行交易的市场。碳市场由六大基础要素构成：碳市场的覆盖范围、配额总量的设定、配额的分配方式、碳排放监测核查体系、碳交易的履约机制、履约期的设计。

（四）碳金融

碳金融指企业间就政府分配的温室气体排放权进行市场交易所导致的金融活动。世界银行对碳金融的定义为：出售基于项目的温室气体减排量或者交易碳排放许可证所获得的一系列现金流的统称。

（五）碳金融产品

碳金融产品包括依托碳配额及项目减排量两种基础碳资产开发的各类碳金融工具，主要包括交易工具、融资工具和支持工具三类，可以帮助市场参与者对冲未来价格波动风险、实现套期保值等。

第二节　绿色金融政策梳理

一、全国性绿色金融政策

（一）绿色金融政策

2016 年 8 月 31 日，中国人民银行等七部委联合印发了《关于构建绿色金融体系的指导意见》（以下简称《指导意见》）。《指导意见》强调，构建绿色金融体系的主要目的是动员和激励更多社会资本投入到绿色产业中，同时更有效地抑制污染性投资。《指导意见》的主要内容包括：大力发展绿色信贷；推动证券市场支持绿色投资；设立绿色发展基金，通过 PPP 模式动员社会资本；发展绿色保险；完善环境权益交易市场、丰富融资工具；支持地方发展绿色金融。

（二）绿色信贷政策

1. 绿色信贷指引

2012 年，银监会下发《绿色信贷指引》（以下简称《指引》）。《指引》从银行组织管理、政策制度及能力建设、流程管理、内控管理与信息披露、监督检查五个方面提出要求，督促银行业金融机构应当从战略高度推进绿色信贷，加大对绿色经济、低碳经济、循环经济的支持，防范环境和社会风险，提升自身的环境和社会表现。

2. 绿色信贷统计制度

2013 年，银监会发布了《关于报送绿色信贷统计表的通知》。绿色信贷统计通过收集绿色信贷项目相关信息，为银行识别项目环境和社会风险，制定绿色信贷政策，创新绿色信贷产品等方面提供量化依据。该制度主要统计以下四方面内容：一是银行涉及落后产能、环境、安全等重大风险企业信贷情况；二是银行开展绿色信贷情况；三是绿色信贷的资产质量情况；四是节能环保项目所形成的年节能减排能力。

2018 年 1 月，中国人民银行发布《关于建立绿色贷款专项统计制度的通知》（以下简称《通知》），包括两个方面：一是绿色贷款统计；二是对存在环境、安全等重大风险企业贷款的统计。《通知》沿用了与银监会总体一致的绿色信贷行业统计分类标准，并进一步明确了绿色信贷数据统计和监测要求。

3. 绿色信贷考核评价

一是 2014 年银监会下发的《绿色信贷实施情况关键评价指标》。评价指标主要包括两类指标：一类是定性评价指标，是对《绿色信贷指引》中"组织管理""政策制度及能力建设""流程管理""内控管理与信息披露""监督检查"的具体细化；另一类是定量评价指标，是评价银行业金融机构"支持及限制类贷款情况""自身环境和社会表现""绿色信贷培训教育情况""与利益相关者的互动情况"的量化指标。

二是 2017 年银行业协会发布的《中国银行业绿色银行评价实施方案（试行）》。各家银行自评价报告材料提交后，银监会将材料转发中国银行业协会。中国银行业协会组织绿色银行评价工作组开展评价复核，提出初步评价结论，并报经绿色银行评价专家组审核确定。

三是 2018 年中国人民银行发布的《银行业金融机构绿色金融评价方案》。评价方法分为定量评价与定性评价，分别以定量指标体系和定性指标体系为基础对参评机构进行评价，其中定量评价权重占比为 80%，定性评价权重占比仅为 20%。其中定量指标包括绿色贷款余额占比、绿色贷款余额份额占比、绿色贷款增量占比、绿色贷款余额同比增速、绿色贷款不良率。2021 年中国人民银行发布了新的评价方案。与 2018 年的文件相比，新文件对先前的绿色信贷业绩评价方案进行了修订：第一，扩大绿色金融业务的覆盖范围。第二，将定量考核指标纳入绿色债券，考核权重有所调整。第三，定性指标更加注重银行自身绿色金融制度建设和业务发展情况。

4. 绿色信贷激励措施

一是中央层面绿色信贷激励政策。中国人民银行已将银行的绿色债券、绿色信贷的执行情况纳入宏观审慎评估（MPA）。24 家全国主要银行的绿色债券情况于 2016 年就已被纳入 MPA 的信贷政策执行指标中，此外从 2017 年第三季度开始，24 家全国主要银行的绿色信贷绩效也已被纳入 MPA。《银行业金融机构绿色金融评价方案》进一步将绿色金融绩效评价结果由纳入宏观审慎考核（MPA）拓展为纳入央行金融机构评级等人民银行政策和审慎管理工具。评级体系在存款保险风险评级、稳健性现场评估基础上充分吸收 MPA 的相关内容。评级较差的银行不仅费率较高，还会受到规模扩张、业务准入、再贷款等货币政策支持工具使用等多方面限制，银行业更加有动力发展绿色金融业务以提高央行金融机构评级，强化了正向激励作用。

二是绿色金融改革创新试验区的绿色信贷激励政策。主要体现为对绿色信贷的财政补贴和风险分担：

广州：在风险担保方面，对开展绿色信贷的银行业金融机构，按其损失金额的 20% 给予风险补偿，最高为 1 万元。

湖州：在风险担保方面，按各银行年末小微企业信用贷款余额的 5% 计算该银行补偿额度。

衢州：在补贴机制方面，对绿色信贷占比较高的金融机构优先给予再贷款政策支持、差异化贷款贴息支持。

贵安新区：在补贴机制方面，每年设立 5 亿元绿色发展专项资金。风险担保方面，建立"4321"政银风险分担机制，单列资金用于绿色金融项目的风险补偿。

哈密：在补贴机制方面，实施"节能节水、环境保护、污水处理"等领域税收减免政策。风险担保方面，设立绿色信贷风险补偿资金。

昌吉：在补贴机制方面，实施"减税降费"措施。在风险担保方面，设立绿色信贷风险补偿资金。

克拉玛依：在补贴机制方面，建立差别化贴息机制，给予绿色信贷 1.5～2 个百分点的补助。在风险担保方面，建立绿色融资担保基金 0.5 亿元，明确各方融资担保风险分担比例，市融资担保基金和银行机构承担的风险责任比例均不低于 20%，自治区再担保机构承担 30% 的风险责任比例。

（三）绿色债券政策

1. 绿色债券认定标准

目前，我国绿色债券市场处于中国人民银行、发展改革委和证监会等部门多头监管的市场格局。2015年12月，中国人民银行发布《在银行间债券市场发行绿色金融债券的公告》（第39号公告），同时发布了由绿色金融专业委员会编制的《绿色债券支持项目目录》。同月，国家发展改革委出台了《绿色债券发行指引》。2017年3月，证监会正式发布了《关于支持绿色债券发展的指导意见》，强调对绿色债券采取"即报即审"，对发行主体及信息披露提出明确要求。自此，绿色债券的主要类别都有了相应的业务指引或自律性规则。2021年4月21日，中国人民银行、国家发展改革委、证监会三部门联合印发的《绿色债券支持项目目录（2021年版）》成为国内绿色债券的统一指引。新目录明确了绿色债券支持的绿色产业、绿色项目或绿色经济活动内容。

2. 绿色债券激励政策

一是中央层面绿色债券激励政策。中国人民银行《绿色金融债公告》的激励重点是将商业银行发行的绿色金融债纳入中国人民银行相关货币政策操作的抵（质）押品范围，以及对绿色投资者群体的鼓励：规定发行人发行的绿色金融债券，可以按照规定纳入相关货币政策操作的抵（质）押品范围等。国家发展改革委《绿色债券发行指引》提出了一系列明确的激励措施，具体包括：加快和简化审核程序；调整企业债券部分准入条件；支持绿色债券发行主体利用债券资金优化债务结构。

二是地方层面绿色债券激励政策。在中央政策指引下，以绿色金融改革创新试验区为代表的地方政府出台了一系列配套落地政策。各绿色金融改革创新试验区改革方案中，均提到了鼓励发行绿色债券，并结合试验区具体情况，出台了包括贴息、发行费用补贴、对发行企业给予现金奖励、为绿色债券发行提供增信支持等一系列激励措施（见表4-4）。

表4-4　绿色金融改革创新试验区绿色债券支持政策

试验区	政策文件	绿色债券相关内容
广州	关于支持广州区域金融中心建设的若干规定	对交易所、银行间新发行绿色债券的企业给予发行费用10%的一次性补贴；对区域性股权市场新发行债券的企业给予发行费用20%的一次性补贴

续表

试验区	政策文件	绿色债券相关内容
湖州	关于湖州市建设国家绿色金融改革创新试验区的若干意见	企业或金融机构在银行间市场发行贴标绿色债券，按照贴标绿色债券实际募集金额的1‰给予补助，每单债券补助不超过50万元
衢州	衢州市关于加快推进国家绿色金融改革创新试验区建设的若干政策意见（试行）	对发行绿色债券的中小企业，每单给予最高不超过30万元的奖励；对上市公司以及大型企业给予最高不超过100万元的奖励；对发行企业另行增加奖励10万元
江西	江西省"十三五"建设绿色金融体系规划	大力发展绿色债券市场，建立全省债券融资重点企业储备库，加快推进企业债券创新，支持开发绿色债券
赣江新区	赣江新区建设绿色金融改革创新试验区实施细则	引导企业和金融机构发行绿色债券，加大地方政府债券对公益性绿色项目的支持
贵安新区	贵安新区建设绿色金融改革创新试验区任务清单	鼓励金融机构及企业发行绿色债券，探索降低绿色债券发行和管理成本
	贵安新区关于支持绿色金融发展的政策措施	对绿色债券根据规模给予500万元、200万元、100万元等不同标准的奖励
	贵安新区绿色金融改革创新试验区建设实施方案	支持注册在新区的企业在交易商协会发行绿色中期票据等绿色金融债

资料来源：各地区政策文件。

（四）绿色基金政策

中国证券投资基金业协会 2018 年颁布了《绿色投资指引（试行）》（以下简称《指引》），具体内容包括以下几个方面：界定绿色投资内涵，明确《指引》适用范围；明确绿色投资的目标和基本原则；明确开展绿色投资的基本方法；对基金管理人践行绿色投资进行监督和管理。

（五）绿色保险政策

2021 年 2 月，国务院发布《关于加快建立健全绿色低碳循环发展经济体系的指导意见》（以下简称《指导意见》），明确强调发展绿色保险，发挥保险费率调节机制作用。具体来看，发展绿色保险主要围绕以下三方面进行：

第一，在环境高风险领域建立环境污染强制责任保险制度。环境污染责任保险是我国最主要的绿色保险产品。应选择环境风险较高、环境污染事件较为集中的领域，将相关企业纳入应当投保环境污染强制责任保险的范围。

第二，鼓励和支持保险机构创新绿色保险产品与服务。建立完善与气候变化相关的巨灾保险制度。鼓励保险机构研发环保技术装备保险、针对低碳环保类消费品的产品质量安全责任保险、船舶污染损害责任保险等产品。

第三，鼓励和支持保险机构参与环境风险治理体系建设。鼓励保险机构充分发挥防灾减灾功能，积极利用互联网等先进技术，研究建立面向环境污染责任保险投保主体的环境风险监控和预警机制。

自 2006 年以来，我国在国家层面持续出台相关政策，各地方政府随即积极响应，不断强调推动环境污染责任保险发展，尤其是在涉重金属、石油化工、危险化学品运输等环境高风险领域。目前较多地区已通过地方性法规、规范性文件或实施方案等多种形式，开展环境污染责任保险试点。

除环境污染责任保险外，绿色保险创新产品主要形式为养殖保险理赔与病死畜禽无害化处理联动服务。保险企业近年来积极探索参与养殖业环境风险管理，创新生猪保险与无害化处理相结合的绿色保险"衢州模式"，提高养殖户的生产效益，降低险企赔付率，有效防止由病死牲畜处理不当造成的环境污染，目前试点地区正在不断扩大。

（六）碳金融政策

为贯彻落实"碳达峰、碳中和"重大决策部署，健全碳金融标准体系，推动建设碳排放权交易市场为碳排放合理定价，中国证监会于 2022 年 4 月 12 日发布了《中华人民共和国金融行业标准：碳金融产品》。

该文件内容主要包括两方面：一是明确了碳金融产品分类，其中碳市场融资工具包括但不限于碳债券、碳资产抵质押融资、碳资产回购、碳资产托管等；碳市场交易工具包括但不限于碳远期、碳期货、碳期权、碳掉期、碳借贷等；碳市场支持工具包括但不限于碳指数、碳保险、碳基金等。二是明确了碳金融产品实施要求，即碳金融的实施主体和实施流程。碳金融的实施流程包括碳市场融资工具实施流程、碳市场交易工具实施流程和碳市场支持工具实施流程。

二、京津冀绿色金融政策

（一）北京绿色金融政策

1. 绿色金融政策

2017 年 9 月 11 日，北京市金融工作局发布了《关于构建首都绿色金融体系的实施办法》。主要内容包括以下几个方面：第一，加快构建绿色金融体系，包括设立绿色发展基金，发展绿色项目 PPP 模式，积极发展绿色保险，支持碳金融发展，支持开展环境权益交易和融资创新等。第二，建设绿色金融功能区，推进京津冀绿色金融区域协同合作。第三，完善绿色金融发展配套措施。包括普及宣传绿色金融知识，大力培养绿色金融人才。第四，增强绿色金融领域的合作。加强绿色金融国际合作，加强绿色金融业务的协同监管。

2. 绿色信贷政策

为支持符合首都特色的节能减排产业和技术，2008 年，中国人民银行营业管理部、北京市发展改革委等部门联合发布了《关于加强"绿色信贷"建设支持首都节能减排工作的意见》（以下简称《意见》）。《意见》指出，要充分发挥"绿色信贷"的调节作用，加大金融支持首都节能减排的工作力度。《意见》要求，要充分发挥首都金融业的区位优势，构建符合首都特色的"绿色信贷"机制。《意见》强调，要加快建立并完善"绿色信贷"信息体系，逐步将北京市节能环保信息纳入中国人民银行企业征信系统，健全"绿色信贷"的担保体系等措施。

3. 绿色保险政策

2017 年 4 月 1 日，北京保监局发布了《关于印发北京保险业贯彻落实〈中国保险业发展"十三五"规划纲要〉实施意见》，文件鼓励保险机构创新绿色保险产品和服务，支持环保、节能、清洁能源、绿色交通等产业发展。积累挖掘北京新能源汽车保险数据，推动行业研究开发适应新能源汽车产业发展的保险产品。支持保险机构开发环境高风险领域的环境污染责任保险。积极推动保险机构参与养殖业环境污染风险管理。

4. 其他涉及绿色金融的政策

一是北京金融业发展政策中涉及绿色金融规划。2010 年 10 月 23 日，北京市地方金融监督管理局发布了《关于促进首都金融业发展的意见》。文件指出要推动节能减排环保产业发展。大力支持和倡导绿色信贷、绿色保险、绿色证券。鼓励和引导金融机构支持循环经济、节能减排环保项目融资，支持节能服务产业发展。选择环境危害大、最易发生污染事故和损失容易确定的行业、企业作为试点，研究建立环境污染责任保险制度。

2016 年 12 月 27 日，北京市金融工作局和北京市发展改革委发布了《北京市"十三五"时期金融业发展规划》。文件指出要开辟绿色信贷审批专项通道。建立专业化绿色担保机制，加大对绿色项目的支持力度。支持金融机构与在京非金融企业发行绿色金融债券，进一步降低绿色债券融资成本以及设立北京市绿色发展基金等。

2019 年 12 月 18 日，北京市地方金融监督管理局等部门发布了《金融领域开放改革三年行动计划》。文件指出要推动北京环境交易所发展碳交易与环境权益融资，建立绿色项目储备，拓宽绿色资产标的范围；推动"一带一路"责任投资和 ESG 原则建设，推动国际金融机构签署《"一带一路"绿色投资原则》，在京设立《"一带一路"绿色投资原则》秘书处。

二是北京绿色产业发展政策涉及绿色金融配套。2016 年 12 月 8 日，北京市经济和信息化委员会发布了《北京绿色制造实施方案》。文件指出要鼓励金融资本、民间资本、创业与私募股权基金等设立绿色发展产业投资基金，引导社会资本投入绿色制造业。鼓励金融机构为中小企业绿色转型提供便捷、优惠的担保服务，积极发展融资租赁、知识产权质押贷款、信用保险保单质押贷款。

2021 年 7 月 26 日，中国人民银行监督管理委员会北京监管局发布了《北京银保监局办公室关于 2021 年银行业保险业支持"两区"建设的通知》。文件指出要大力发展绿色金融。坚持绿色新发展理念，依托北京金融市场优势，围绕"碳达峰"目标和"碳中和"愿景积极探索环境权益质押融资，推动发展绿色农业保险、环境污染责任险和林木保险。

2021 年 7 月 28 日，中国人民银行营业管理部等 13 个部门联合发布了《进一步完善北京民营和小微企业金融服务体制机制行动方案（2021−2023 年)》。文件推出具有专项额度保障、名单制管理、流程优化和利率优惠优势的"京绿通"专项再贴现工具，支持绿色项目、绿色企业发展。具体内容包括：为"京绿通"首批提供 20 亿元专项额度；纳入支持范围的绿色企业经第三方机构认证并由有关政府部门公布，最大限度确保政策的公平性；操作更加便利高效，原则上在收到金融机构申请的两个工作日内完成放款。

三是北京环境治理保护政策涉及绿色金融支持。2021 年 3 月 10 日，中共北京市委办公厅和北京市人民政府办公厅发布了《北京市关于构建现代环境治理体系的实施方案》。文件指出建设绿色金融改革创新试验区，发展绿色金融。以市场化方式推动设立绿色发展基金，发放绿色信贷、绿色债券。健全绿色产业投融资体系，支持产业升级。推进排污权交易、环境污染责任险、重大环保装备融资租赁。提升国际绿色投融资服务、气候风险评估、绿色技术与产业合作等功能，推动建设国际绿色金融中心。

2021 年 3 月 24 日，北京市地方金融监督管理局发布了《北京市地方金融监督管理局 2021 年生态环境保护工作计划和措施》。文件指出持续完善首都绿色金融体系。积极推动绿色金融改革创新试验区方案出台。进一步扩大绿色信贷、绿色债券规模，规范探索开展跨境绿色信贷资产证券化、绿色债券、绿色股权投融资业务。协助生态环境部门推动自愿减排（CCER）交易中心建设，依托北京绿色交易所建设、完善绿色项目库，搭建集统一登记、评估服务、融资对接于一体的全流程平台。充分发挥"畅融工程"融资对接机制。联合市级、区级相关部门及时收集生态环保类企业及绿色资金需求，丰富线上、线下一体化对接形式，快速对接银行、担保、基金、保险等金融机构，力争为企业提供精准、高效、便捷的融资对接服务。

四是北京经济社会发展政策涉及绿色金融支持。2021年8月25日，中国人民银行营业管理部、北京银保监局、北京证监局等八部门联合发布了《金融支持北京绿色低碳高质量发展的意见》。文件指出要通过货币政策工具"真金白银"支持、绿色金融综合评价、完善风险分担机制等措施，激励撬动更多金融资源投向绿色低碳领域。创新推出"京绿通"专项再贴现产品，探索建立北京地区绿色项目库和绿色企业库，指导和推动地方法人金融机构逐步实现强制披露。

2022年5月20日，北京市地方金融监督管理局等四部门联合发布了《关于推进北京全球财富管理中心建设的意见》。文件指出要扩大绿色领域投资。建设全国自愿减排等碳交易中心，为各类绿色资产交易提供定价、评估等服务。支持环境、社会和治理（ESG）第三方评价服务机构在京发展。积极推动金融机构在城市副中心依法设立绿色金融专门机构，加快设立国际绿色投资集团。鼓励金融机构、上市公司开展 ESG 信息披露，加强 ESG 产品研发，支持专业机构研究推出 ESG 有关指数，并推动发挥增信作用。

（二）天津绿色金融政策

1. 绿色金融政策

2017年3月13日，天津市金融局、中国人民银行天津分行等八部门联合发布了《关于构建天津市绿色金融体系的实施意见》。主要包括以下几方面内容：

第一，大力发展绿色信贷。进一步健全重点排污单位自行监测及环境信息公开监管体系，建立定期通报制度及信息共享机制，督促重点排污单位按要求如实向社会公开环境信息。

第二，积极发展绿色投资。引导机构投资者投资绿色金融产品。支持养老基金、保险资金等长期资金对天津市绿色产业投资力度。积极落实绿色金融领域运用政府和社会资本合作（PPP）模式。

第三，创新发展绿色保险。加强保险知识普及，积极利用互联网等先进技术，增强风险监测、风险评估和风险预警能力，为环境污染责任保险投保主体提供更全面的防灾防损服务，高效开展保险理赔。

第四，试点开展绿色租赁。鼓励租赁公司优先选择与公司具有相同绿色理念、积极承担社会责任的企业客户。积极发展绿色租赁业务。鼓励租赁公司聚焦绿色出行、清洁能源、节能减排、环境治理、资源循环等绿色租赁业务领域。

第五，发挥绿色交易场所作用，加快绿色信用评价体系建设。鼓励天津排放权交易所联合金融服务机构，推出以津为主、兼容京津冀协同发展的金融产品。有序发展碳金融产品和衍生工具。

第六，发挥合力，强化组织落实。加强天津市绿色金融信息统计与报送，实现各单位、各部门间的信息互通和共享。定期向金融机构推荐绿色项目、通报对绿色项目的监管情况。

2020年11月26日，中国人民银行天津分行发布了《关于进一步推动天津市绿色金融创新发展的指导意见》，从健全绿色金融组织体系等十个方面，提出了进一步推动绿色金融创新发展的具体措施。

第1条是健全绿色金融组织体系。鼓励各类金融机构切实提升绿色金融服务能力。如鼓励商业银行设立绿色金融事业部，鼓励金融租赁公司设立绿色租赁专营部门等。第2条至第6条是发展各类绿色金融业态。包括加快绿色信贷产品和服务方式创新，大力发展绿色债券市场，协同推进排放权交易发展等。第7条至第10条是促进绿色金融发展的配套措施。包括完善绿色金融信息共享机制、完善绿色金融风险防控机制等。

2. 绿色信贷政策

2012年2月1日，天津银监局研究制定了天津市银行业金融机构《绿色信贷统计报表》，统一了各行绿色信贷分类标准和报送口径，提升了数据准确性和可比性，为各行绿色信贷风险识别、评估提供了支持，为下一步绿色信贷考核评估做好了准备。提升绿色信贷统计数据质量，为银行业金融机构识别、评估、防范环境和社会风险提供支持

2021年，中国人民银行天津分行发布了《2021年天津市货币信贷工作指导意见》，鼓励金融机构围绕清洁能源、低碳环保、绿色转型、碳捕集与封存等重点产业和创新项目，安排专项额度、提供优惠利率、设计专门产品、组建专业团队，加大资源倾斜力度，支持重点领域建设。

3. 碳金融政策

2011 年 6 月 18 日，天津市发展改革委发布了《关于天津排放权交易市场发展的总体方案》，支持绿色经济、低碳经济和循环经济发展，促进经济增长方式转变的经济和金融政策，构建低碳信用评级体系，开展"绿色信贷"及其他碳金融产品和服务创新。

2021 年 9 月 21 日，天津市人民代表大会常务委员会发布了《天津市碳达峰碳中和促进条例》，明确绿色转型、科技创新、降碳增汇等政策措施。立法过程中，注重碳排放监督管理、评价考核等基本制度建设，对违法违规行为明确处罚措施，增强碳达峰碳中和工作的约束力；注重完善碳排放权交易、绿色金融、碳汇抵消、生态产品价值实现等市场化机制，引导社会资本投入节能降碳领域。

4. 其他涉及绿色金融的政策

一是天津金融业发展政策中涉及绿色金融规划。2021 年 9 月 9 日，天津市人民政府办公厅发布了《天津市金融业发展"十四五"规划》。文件指出推动绿色金融市场发展和产品创新。鼓励金融机构设立绿色金融事业部、加大信贷资源倾斜力度、健全完善绿色金融激励机制等。

二是天津绿色产业发展政策涉及绿色金融配套。2022 年 4 月 6 日，天津市委办公厅、天津市政府办公厅发布了《天津市建立健全生态产品价值实现机制的实施方案》。文件在健全生态产品价值实现保障机制中明确要创新绿色金融产品和服务方式。

三是天津经济社会发展政策涉及绿色金融支持。2022 年 3 月 25 日，天津市人民政府发布了《天津市加快建立健全绿色低碳循环发展经济体系的实施方案》。文件指出引导金融机构加大绿色信贷支持力度，支持金融机构开展环境权益抵质押融资等创新性业务。鼓励保险机构对节能环保项目提供绿色保险服务。做好绿色产业上市、挂牌后备企业挖掘培育工作。

（三）河北绿色金融政策

1. 绿色金融政策

2021 年 10 月 8 日，河北银保监局发布了《关于银行业保险业发展绿色金融，助力碳达峰碳中和目标实现的指导意见》。主要包括以下几方面内容：

第一，总体要求。一是指导思想，为全省如期实现"双碳"目标和经济社会可持续发展、绿色发展提供高质量的金融服务。二是基本原则，包括以担当尽责为要求、以绿色金融为导向、以创新变革为动力、以防控风险为底线。三是主要目标。力争 2021~2025 年，全省绿色信贷年均增速高于同期全部贷款平均增速，绿色信贷在全部贷款中的比重逐年提升。绿色债券、绿色信托、绿色租赁等业务稳健发展。保险机构为环境治理项目和节能降碳项目提供的保险保障金额持续增长。

第二，重点任务。包括几方面任务：健全体制机制，夯实绿色金融发展基础；严控"高碳"行业投放，约束高排放项目扩张；推进绿色保险，提高绿色经济风险保障功能；强化识别预警处置，有效防控经营风险；实施自身低碳改造，树立绿色发展标杆；推行绿色信息披露，强化市场约束机制。

第三，监管与组织保障。一是加强组织领导，成立河北银保监局"双碳"工作领导小组，各银行保险机构成立领导小组，各银行保险机构应及时将有关工作进展报对口机构监管部门和牵头监管部门。二是强化统计监测，探索建立绿色保险监管统计体系。三是实施监管督导，健全绿色信贷实施情况自评价工作机制，强化对银行保险机构发展绿色金融的督导和检查。四是形成工作合力，畅通各部门信息沟通机制，加强与银行保险行业协会等行业组织的协调。

2. 其他涉及绿色金融的政策

一是河北金融业发展政策中涉及绿色金融规划。2022 年，河北省地方金融监管局牵头编制并发布了《河北省金融业发展"十四五"规划》。文件指出支持金融机构设立绿色金融专营机构。支持银行机构落实好绿色信贷政策。在风险可控前提下，优化信贷审批机制，创新绿色信贷产品和服务。积极开展绿色信贷资产流转和证券化工作。支持已上市绿色企业通过增发、配股、发行债券等方式进行再融资。鼓励区域性股权市场发挥地方优势、区位优势，为绿色企业提供个性化、专业化服务。支持保险机构积极创新绿色保险产品和服务，鼓励保险机构降低保险费率，扩大保险覆盖面。

二是河北绿色产业发展政策涉及绿色金融配套。2021 年 12 月 14 日，河北省工业和信息化厅印发了《河北省"十四五"工业绿色发展规划》。文件指出鼓励金融机构开发针对钢铁石化等重点行业绿色化改造、绿色建材与新能源汽车生产应用、绿色产品推广等方面的金融产品。鼓励社会资本设立绿色发展基金。优化完善首台（套）重大技术装备、重点新材料首批次应用保险补偿机制，支持符合条件的绿色低碳技术装备、绿色材料应用。

2022 年 3 月 22 日，河北省发展改革委、省工信厅等六部门联合制定并印发了《河北省促进绿色消费实施方案》。文件指出加大金融支持力度。推动碳减排支持工具和支持煤炭清洁高效利用专项再贷款落地，支持金融机构扩大全省绿色贷款规模、创新金融产品。加大绿色低碳消费品信贷支持力度。鼓励支持符合条件的企业发行绿色债券。引导私募基金投资绿色消费，支持社会资本以市场化方式设立绿色消费相关基金。鼓励引导保险公司加快推动对新能源车险专属条款的研究、开发、推广，积极对接城市公交、公路客运企业以及企事业单位新能源车辆承保项目，助力新能源汽车消费。鼓励引导保险公司研究开发绿色建筑保险，推进河北省绿色建筑保险有效落地。

第三节　绿色金融实践情况

一、绿色信贷投放情况

（一）全国绿色信贷投放

1. 银行业绿色信贷投放：基于银保监会数据的分析

原银监会集中披露了21家主要银行[①] 2013年6月至2017年6月半年度的绿色信贷加总数据，我们将依托这些数据分析银行业绿色信贷投放情况。

从图4-1可以看出，一方面，21家主要银行绿色信贷余额在2013~2017年呈上升趋势。除原银监会集中披露的数据外，本书还搜集到了21家主要银行2017年12月、2018年12月、2019年6月的绿色信贷余额，分别为8.53万亿元、9.66万亿元、10.6万亿元。因而，2013~2019年中国绿色信贷投放量是逐渐增加的。另一方面，21家主要银行绿色信贷半年度增速呈现一定的周期性特征，除2016年外一般上半年增速更高，2016年《关于构建绿色金融体系的指导意见》发布后，2017年绿色信贷增速又有所攀升（见图4-1）。

根据银保监会的统计口径，绿色信贷包括两大部分：一是支持节能环保项目和服务的贷款；二是支持节能环保、新能源、新能源汽车三大战略性新兴产业生产制造端的贷款。其中，节能环保及服务贷款占绿色信贷的比重始终保持在70%以上。战略性新兴产业贷款占绿色信贷的比重保持在20%~30%（见图4-2）。

---

　　① 具体包括国家开发银行、中国进出口银行、中国农业发展银行、中国工商银行、中国农业银行、中国银行、中国建设银行、交通银行、中信银行、中国光大银行、华夏银行、广东发展银行、平安银行、招商银行、浦东发展银行、兴业银行、民生银行、恒丰银行、浙商银行、渤海银行、中国邮政储蓄银行。

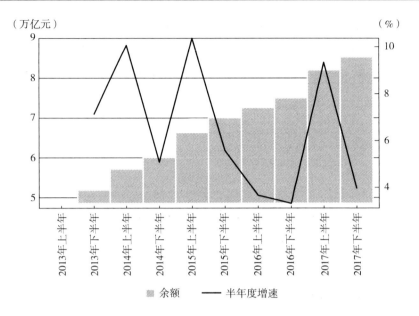

图 4-1 21 家主要银行绿色信贷余额和增速变化趋势

资料来源：银保监会网站。

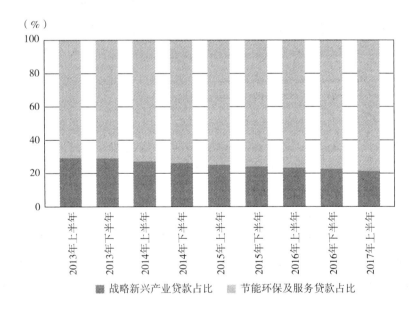

图 4-2 21 家主要银行两种类型绿色贷款占比

资料来源：银保监会网站。

2. 银行业绿色信贷投放：基于中国人民银行数据的分析

2018 年 1 月，中国人民银行发布了《关于建立绿色贷款专项统计制度的通知》，并于 2018 年第四季度开始公布本外币绿色贷款投放情况。图 4-3 显示了绿色贷款的发展趋势，绿色贷款的规模从 2018 年第四季度的 8.23 万亿元增长至 2021 年第一季度的 13.03 万亿元。绿色贷款的同比增速始终维持在 10% 以上，最高达 24.18%（2019 年第四季度）[①]，高于同期各项贷款同比增速。

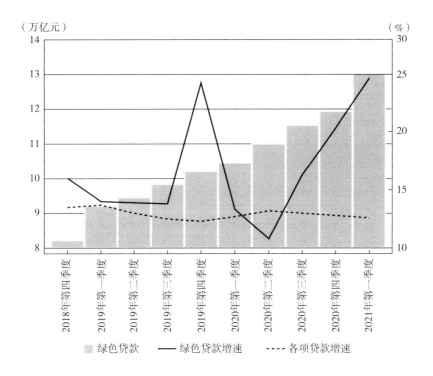

图 4-3 绿色贷款变化趋势

资料来源：中国人民银行。

由图 4-4 可知，分用途来看，绿色信贷主要投向了两类贷款：一类是基础设施绿色升级产业贷款，从 2018 年第四季度的 3.83 万亿元增长至 2021 年第一季度的 6.29 万亿元，占绿色贷款比重保持在 44% 以上。另一类是清洁能源产业贷

---

① 中国人民银行没有公布 2019 年第一季度至第三季度的绿色信贷的同比增速，公布了相比年初的增长率以及对应的折合年增长率，本书用折合年增长率替代同比增速指标。

款，从 2018 年第四季度的 2.07 万亿元增长至 2021 年第一季度的 3.4 万亿元，占绿色贷款比重保持在 24% 以上。两类贷款合计占到绿色贷款的 68% 以上。

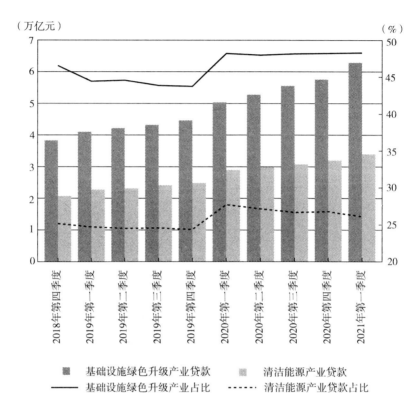

图 4-4　绿色贷款分用途变化趋势

资料来源：中国人民银行。

由图 4-5 可知，分行业来看，绿色信贷主要投向了两类贷款：一类是交通运输、仓储和邮政业绿色贷款，从 2018 年第四季度的 3.66 万亿元增长至 2021 年第一季度的 3.85 万亿元，占绿色贷款比重保持在 29% 以上，不过整体而言这类绿色贷款占比呈现下降趋势。另一类是电力、热力、燃气及水生产和供应业绿色贷款，从 2018 年第四季度的 2.61 万亿元增长至 2021 年第一季度的 3.73 万亿元，占绿色贷款比重保持在 28% 以上。两类贷款合计占绿色贷款的 57% 以上。

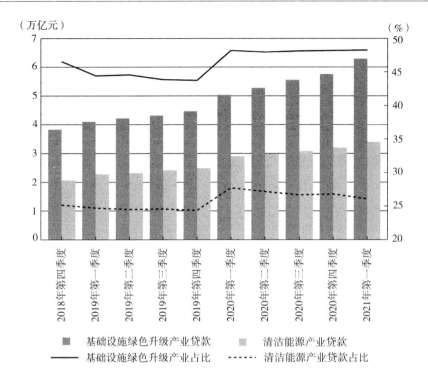

图4-5 绿色贷款分行业变化趋势

资料来源：中国人民银行。

（二）京津冀绿色信贷投放

尽管目前全国层面绿色信贷数据由银保监会和中国人民银行统计发布，但目前省级绿色信贷数据尚未有全覆盖、结构化的官方发布。幸运的是，对于本书重点考察的京津冀地区，本书从不同渠道获得了北京和天津大多数年份的绿色信贷数据，但河北绿色信贷数据仅从媒体报道中获得零星数据。具体而言，本书从北京银保监局获取了2013～2021年北京辖内主要中资银行绿色信贷余额数据，从天津银保监局和天津市银行业协会获得2013～2021年天津市银行业绿色信贷余额数据。

1. 北京绿色信贷情况

北京是银保监局在统计辖内主要中资银行绿色信贷余额时，覆盖了政策性银行、国有商业银行、股份制商业银行和邮政储蓄银行。从总量和增速来看，2013年北京绿色信贷余额为5947.10亿元，2021年则上升至13900.00亿元，年均增速为 11.19%，增长速度较快。从结构来看（见图 4-6 和表 4-5），节能环保项目及服务贷款是主要组成部分，占全部绿色信贷比例超过 3/4。节能环保项目及服务贷款不仅占比较高，2013~2020 年年均增速高达 12.44%，也显著高于投向三大战略性新兴产业生产制造端贷款。

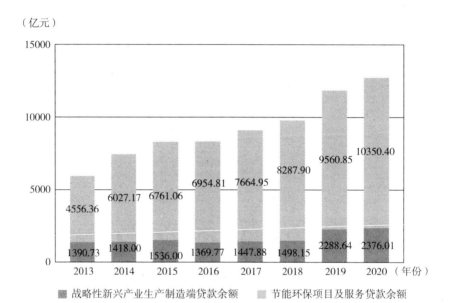

图 4-6　北京绿色信贷余额

资料来源：北京市银保监局。

表 4-5　北京绿色信贷余额及其构成　　　　　　　　单位：亿元

年份	北京绿色信贷余额	其中：支持节能环保项目及服务贷款余额	其中：支持节能环保、新能源、新能源汽车三大战略性新兴产业生产制造端贷款余额
2013	5947.10	4556.36	1390.73
2014	7445.17	6027.17	1418.00
2015	8297.06	6761.06	1536.00
2016	8324.58	6954.81	1369.77
2017	9112.83	7664.95	1447.88
2018	9786.05	8287.90	1498.15

续表

年份	北京绿色信贷余额	其中：支持节能环保项目及服务贷款余额	其中：支持节能环保、新能源、新能源汽车三大战略性新兴产业生产制造端贷款余额
2019	11849.49	9560.85	2288.64
2020	12726.42	10350.41	2376.01
2021	13900.00	——	——

注：统计口径为北京辖内主要中资银行（包括政策性银行、国有商业银行、股份制商业银行和邮政储蓄银行）。

对于进一步细分的贷款投向，北京市银保监局并未披露数据。通过梳理北京监管局发布的新闻公告，本书将北京市绿色信贷主要投向列示如表4-6所示。由表可见，绿色出行、污染防治、可再生能源、节能节水属于北京市绿色信贷的重点投放领域。

表4-6 北京市绿色信贷重点投放领域

年份	绿色信贷重点投向
2017	绿色出行、污染防治、节能节水、可再生能源等项目
2018	绿色出行、污染防治、节能节水、可再生能源等项目
2019	绿色出行、可再生能源、污染防治、节能节水等项目
2020	绿色出行、可再生能源、污染防治等项目
2021	基础设施绿色升级、清洁能源产业、节能环保产业、生态环境产业四大领域

2. 天津绿色信贷投放

2013~2021年上半年，天津市绿色信贷余额由1090.5亿元上升至3931.3亿元，年均增速为17.38%，增长速度较快。从与北京市绿色信贷的横向对比中可知（见图4-7），天津市绿色信贷绝对额小于北京市，但增速快于北京市。另外，由表4-7可知，天津市投向两高一剩行业的贷款远小于投向绿色环保领域的贷款。不过绿色信贷占贷款总额的比重保持在10%左右，没有明显提升。

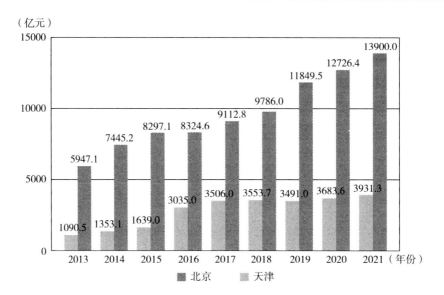

图 4-7　北京和天津绿色信贷余额对比

资料来源：北京市银保监局、天津市银行业协会。

表 4-7　天津市绿色信贷发展情况　　　　　　　　单位：亿元，%

年份	天津绿色信贷余额	两高一剩行业贷款余额	绿色信贷占全部贷款比重
2013	1090.46	140.83	—
2014	1353.06	710.75	—
2015	1639.04	681.77	—
2016	3035.00	766.61	—
2017	3506.00	744.81	11.09
2018	3553.68	673.20	10.43
2019	3491.00	—	—
2020	3683.59	—	9.02
2021 上半年	3931.25	—	—

注：统计口径为天津辖内银行业金融机构。

资料来源：《天津市银行业社会责任报告》。

就绿色信贷的投放领域而言，本书从天津市银行业协会获得了 2017 年天津市绿色信贷构成数据，如表 4-8 所示。可见，绿色信贷主要投向了绿色交通项目，这与北京绿色信贷主要投向绿色出行领域是一致的。

表 4-8 2017 年天津绿色信贷构成 单位：亿元，%

绿色项目类型	贷款余额	占全部绿色信贷比重
绿色交通项目	1985	56.61
可再生能源即清洁能源项目	496	14.16
自然保护、生态修复即灾害防控项目	106	3.03
节能环保服务	219	6.26
垃圾处理及污染防治项目	212	6.04
工业节能节税环保项目	197	5.62

就绿色信贷投放的行业结构而言，本书从中国人民银行天津分行获得了2021年上半年绿色信贷构成。其中，绿色贷款主要投向交通运输、仓储和邮政业，2021年第二季度末余额为1293.72亿元，占全部绿色贷款的32.91%；其次为电力、热力、燃气及水生产和供应业，余额为913.08亿元，占比为23.23%；最后为水利、环境和公共设施管理业，余额为800.43亿元，占比为20.36%。三者合计占比为76.50%。

此外，就绿色信贷的供给结构来看，截至2021年上半年，在天津绿色贷款中，四大全国性商业银行贡献了32.47%，余额合计为1276.54亿元；其次为金融租赁公司，余额为1096.85亿元，占比为27.90%；最后是政策性银行和股份制商业银行；其他金融机构绿色贷款余额合计为264.25亿元，占比为6.72%。

3. 河北绿色信贷投放

目前河北绿色信贷数据缺失值较多，从公开渠道发现的与绿色信贷有关的信息见于如下报道①：近年来，河北省银行业监管部门持续加强监管引领，全省银行业绿色金融发展成果显著。2016年以来，全省银行业累计发放节能减排重点工程贷款370笔310.60亿元，节能减排技术创新贷款559笔20.63亿元，节能减排技改升级贷款17781笔375.39亿元。全省银行业共拒绝不符合绿色信贷政策贷款申请5054笔，共计182.36亿元；退出不符合绿色信贷政策贷款56笔9.79亿元。截至2018年3月末，全省绿色信贷余额达14044.33亿元。

对比2018年北京市和天津市绿色信贷余额，可知京津冀三地中河北省绿色信贷绝对数是最高的，但由于没有连续的时间序列数据进行对比分析，本书能够获得的信息也仅限于此。

___

① 资料来源：河北新闻网。河北省绿色信贷余额逾1.4万亿元。

4. 基于六大高耗能行业利息支出占比的分析

如前所述，不少省份尚未披露其绿色信贷数据。既有研究为了规避这一数据缺失问题，选择省际六大高耗能行业利息支出占比作为省际绿色信贷的反向指标（刘传江等，2023）。根据《2010 年国民经济和社会发展统计本书》，六大高耗能行业分别为：化学原料及化学制品制造业、非金属矿物制品业、黑色金属冶炼及压延加工业、有色金属冶炼及压延加工业、石油加工炼焦及核燃料加工业、电力热力的生产和供应业。本书从《中国工业经济统计年鉴》中获取了各省上述行业利息支出（财务费用）数据，经过求和后，再除以各省规模以上工业企业利息支出（财务费用）。其中，京津冀地区六大高耗能行业利息支出占比数据如图 4-8 所示，自 2010 年以来，京津冀三地六大高耗能行业利息支出占比整体呈下行趋势，北京市六大高耗能行业利息支出占比最低，河北省六大高耗能行业利息支出占比一直处于 60% 左右的水平，降低有限。

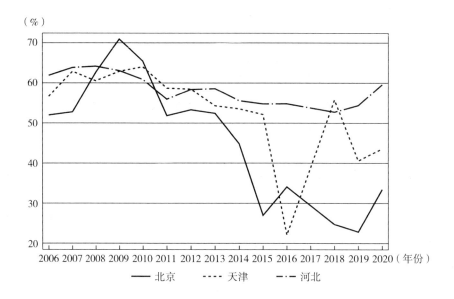

图 4-8　京津冀各地六大高耗能行业利息支出占比

注：2018 年后，《中国工业经济年鉴》不再公布各工业行业利息支出数据，但仍公布财务费用数据。因此，2018~2020 年的数据以六大高耗能行业财务费用占比替代。

资料来源：《中国工业经济统计年鉴》。

二、绿色债券发展情况

(一) 全国绿色债券市场发展

1. 绿色债券发行总量

本书从 Wind 概念板块——绿色债券统计中获取了 2016~2021 年我国绿色债券数据。从发行量及净融资额角度来看，2016~2021 年各年度累计发行绿色债券 31705.41 亿元，共计 2551 支绿色债券（见图 4-9）。

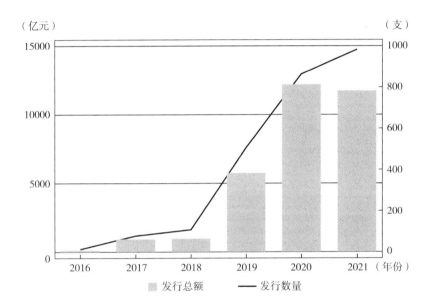

图 4-9　我国绿色债券发行总量

资料来源：Wind 资讯。

2. 绿色债券品种结构

从发行券种来看，近年来地方政府债占比显著增加而企业债、公司债占比稳中有降，表明绿色债券市场目前仍以政府参与为主，且政府参与在 2020 年及 2021 年绿色债券市场的扩容和增长方面起到决定性作用，反观社会资本仍存在较大发展潜力，参与程度亟待挖掘（见图 4-10 和图 4-11）。

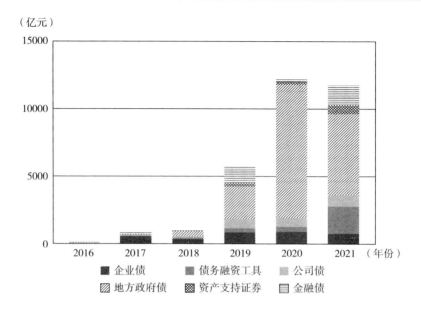

图 4-10 我国不同类型绿色债券发行总额

资料来源：Wind 资讯。

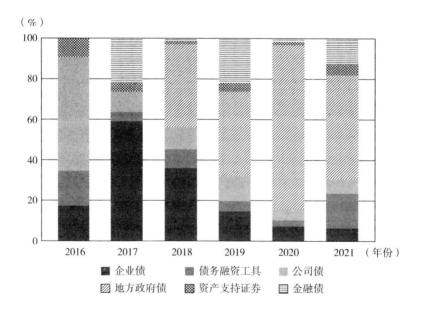

图 4-11 我国不同类型绿色债券发行额占比

资料来源：Wind 资讯。

3. 绿色债券发行期限

从各年度发行期限结构来看，绿色债券发行期限从中期和长期平分秋色逐步转化为超短期及超长期也占据一席之地的格局（见图4-12）。

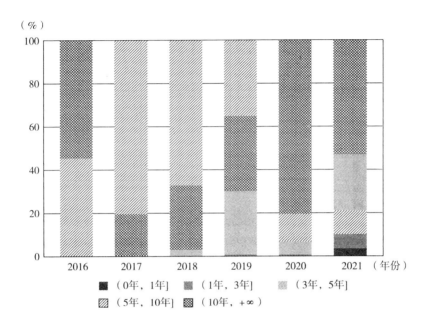

图 4-12 我国绿色债券发行期限结构

资料来源：Wind 资讯。

4. 绿色债券发行利率

从各年度加权平均发行利率来看，自 2017 年起加权平均发行利率呈现稳健下行趋势，绿色产业的融资资金成本逐渐降低，投资者对于绿色债券的认可程度和热情程度逐步提升，有利于绿色产业整体可持续发展和建立良好的绿色金融投资环境（见图4-13）。

5. 绿色债券债项评级

从债券评级来看，已评级绿色债券中 AAA 高等级 2016~2021 年各年度发行债券中保持最高占比，其中 2020 年与 2021 年占比均高逾九成（剔除无评级债券后）（见图4-14）。

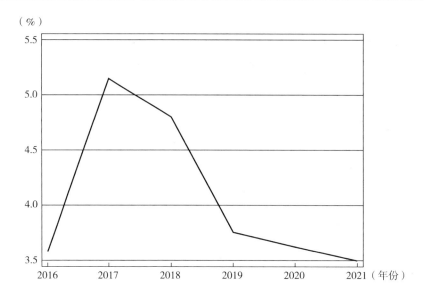

图 4-13　我国绿色债券加权平均发行利率

资料来源：Wind 资讯。

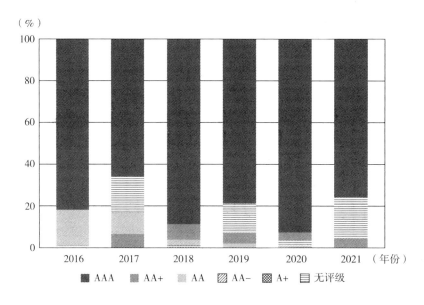

图 4-14　我国绿色债券债项评级

资料来源：Wind 资讯。

6. 绿色债券发行人行业分布

除地方政府债券发行人和资产支持证券发行人无明确行业属性外，其余券种发行人的行业分布如图 4-15 所示。可见，金融机构作为绿色债券市场最早期参与者，其占比随监管政策的放宽逐步降低，而地方政府和企业的加入导致工业及公用事业占比增加，同时 2021 年高层对低碳环保的重视也推动能源业融资需求明显加大。

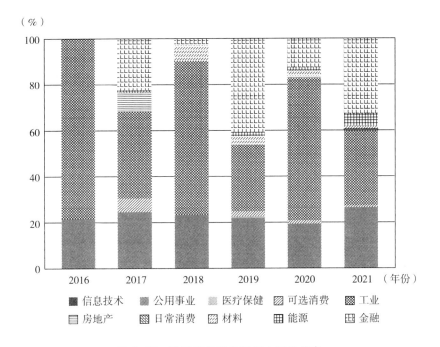

图 4-15 我国绿色债券发行人行业分布

资料来源：Wind 资讯。

7. 绿色债券发行人地区分布

按照全部绿色债券发行金额，山东、广东、北京、天津位列前 4；按照全部绿色债券发行数，广东、湖南、山东位列前 3。相比之下，西藏、内蒙古、宁夏、黑龙江等省份绿色债券发行总额和数量均排名较为靠后（见图 4-16 和图 4-17）。

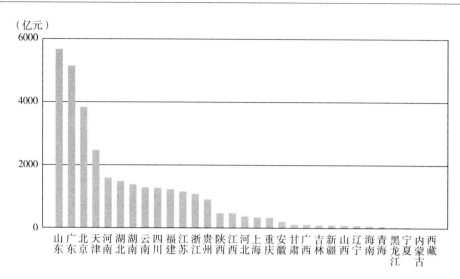

图4-16 不同地区绿色债券发行额

资料来源：Wind资讯。

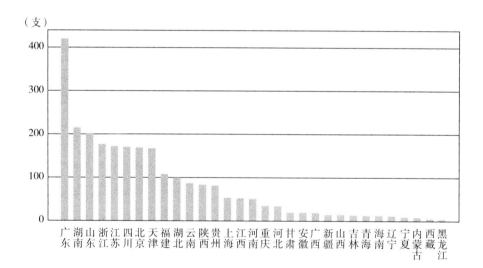

图4-17 不同地区绿色债券发行数

资料来源：Wind资讯。

如果将绿色债券中的地方政府债剔除，我们发现上述排序将会发生一定变化。最主要的是，北京、湖北、广东、江苏成为绿色债券发行金额前4名，而山东由原先的绿色债券发行金额第 1 名跌至第 6 名，表明山东由地方政府发行的绿色债券较多，由市场经济主体发行的较少（见图 4-18 和图 4-19）。

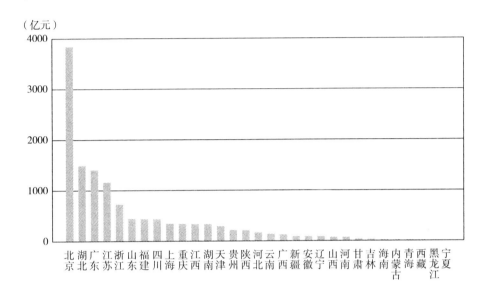

图 4-18　剔除地方政府债后绿色债券发行额

资料来源：Wind 资讯。

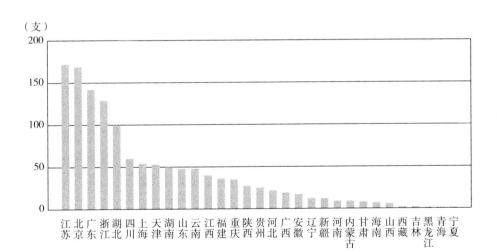

图 4-19　剔除地方政府债后绿色债券发行数

资料来源：Wind 资讯。

（二）京津冀绿色债券市场发展

1. 京津冀绿色债券发行总量

从发行量及净融资额角度来看，2016~2021 年，京津冀三地累计发行绿色债券 370 支，共计融资 6692.43 亿元，占全国绿色债券发行总额（31705.41 亿元）的 21.11%。其中，北京发行 169 支，融资 3835.64 亿元；天津发行 167 支，融资 2474.866 亿元；河北发行 34 支，融资 381.93 亿元。需要注意的是，北京从 2016 年即有绿色债券发行，而河北和天津从 2018 年才开始发行绿色债券（见图 4-20 和图 4-21）。

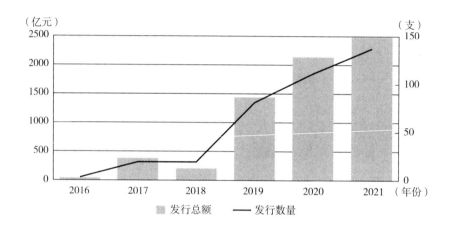

图 4-20　京津冀绿色债券发行总量

资料来源：Wind 资讯。

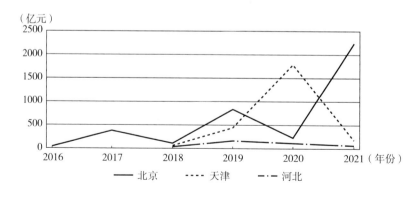

图 4-21　京津冀各地绿色债券发行金额

资料来源：Wind 资讯。

2. 绿色债券品种结构

从绿色债券券种来看，2016~2021 年京津冀三地发行金额最高的是地方政府债（2394.45 亿元），其余依次是金融债（2005.00 亿元）、债务融资工具（888.31 亿元）、公司债（648.30 亿元）、资产支持证券（449.57 亿元）、企业债（306.8 亿元）。横向比较发现，北京发行金融债最多（1950.00 亿元），天津发行地方政府债最多（2179.59 亿元），而河北绿色债券发行量均较少。此外，2019 年和 2020 年地方政府发行的绿色债券占比较高，但 2021 年地方政府绿色债券占比明显降低（见图 4-22 和图 4-23）。

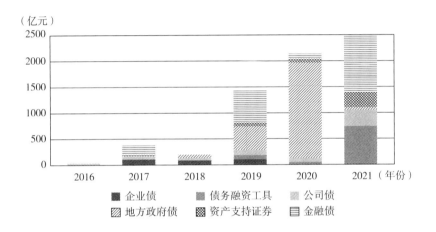

图 4-22　京津冀绿色债券品种结构

资料来源：Wind 资讯。

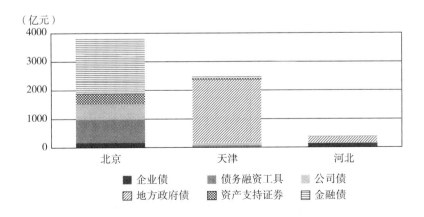

图 4-23　京津冀各地绿色债券品种结构

资料来源：Wind 资讯。

3. 绿色债券发行期限

从各年度发行期限结构来看，2016~2018 年，（5 年，10 年］期绿色债券占绝对主导地位。在 2019 年和 2021 年，（3 年，5 年］期绿色债券则更为普遍。2020 年较为特殊，10 年期以上债券发行最多。横向比较发现，北京绿色债券发行期限较为均衡，且以（3 年，5 年］期最为普遍；天津和河北所发行的绿色债券则以中长期和长期为主，特别是天津绝大多数为 10 年期以上（见图 4-24 和图 4-25）。

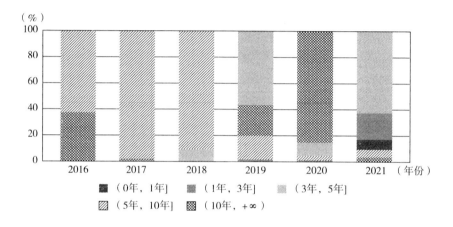

图 4-24　京津冀绿色债券期限结构

资料来源：Wind 资讯。

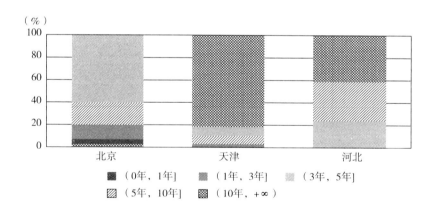

图 4-25　京津冀各地绿色债券期限结构

资料来源：Wind 资讯。

4. 绿色债券发行利率

从各年度加权平均发行利率来看，自 2018 年起加权平均发行利率呈现稳健下行趋势，一方面可能与投资者对绿色债券的认可程度提高有关，另一方面也与这段时间市场利率的降低有关。横向比较来看，北京绿色债券发行利率最低，河北绿色债券发行利率最高，这反映出三地绿色债券融资成本存在系统性差异（见图 4-26）。

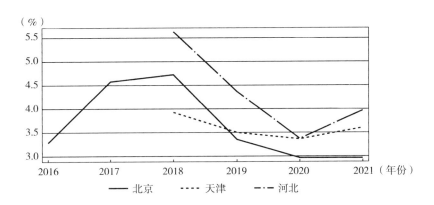

图 4-26　京津冀各地绿色债券发行利率

资料来源：Wind 资讯。

5. 绿色债券债项评级

从债券评级来看，三地绿色债券以 AAA 等级居多，占发行金额比例达 66.32%。值得注意的是，北京绿色债券中有 54% 的评级为 A+，说明北京地区绿色债券市场对发债主体信用等级的包容性更高（见图 4-27）。

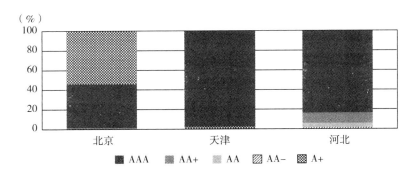

图 4-27　京津冀各地绿色债券债项评级

资料来源：Wind 资讯。

6. 绿色债券发行人行业分布

除地方政府债券发行人和资产支持证券发行人无明确行业属性外，其余券种发行人的行业分布如图4-28所示。可见，三地绿色债券发行人结构存在明显差异：北京发行人结构较为均衡，以金融、公用事业和工业为主；天津以金融为绝对主导，金融行业发行人发债金额占比高达93.5%。河北以材料和共用事业为主，其中材料行业发行人发债金额占比达74.2%。

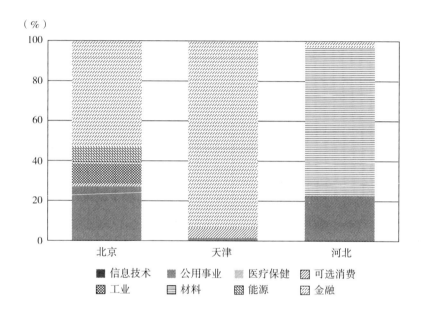

图4-28 京津冀各地绿色债券发行人分布

资料来源：Wind资讯。

三、绿色股票发展情况

（一）我国绿色股票界定

结合前述对绿色股票的界定方法和我国上述公司数据可得性，我们采取类似于以绿色行业界定绿色股票的方案。具体而言，我们主要基于Wind金融终端提供的股票概念标签，如果股票 i 在 t 年的概念标签中包含了一些与绿色环保相关的标签，则股票 i 在 t 年被界定为绿色股票。可见，明确哪些标签是绿色环保相关标签是界定绿色股票的前提。我们主要参考《绿色债券支持项目目录（2021

版）》《绿色产业指导目录（2019 版）》《绿色债券支持项目目录（2015 版）》，从节能环保产业、清洁生产产业、清洁能源产业、生态环境产业、基础设施绿色升级、绿色服务六大领域中找到相应的标签名（共计 46 个），各标签分属领域情况如表 4-9 所示。

表 4-9　绿色标签分类

绿色产业	绿色股票板块
节能环保产业	节能环保、节能照明、新能源汽车、电动物流车、充电桩、污水处理、新能源整车、环保工程及服务、尾气治理、光伏玻璃、大气治理、光伏逆变器、PM2.5、固废处理、垃圾发电、碳中和
清洁生产产业	PM2.5、固废处理
清洁能源产业	智能电网、新能源、风力发电、乙醇汽油、光伏、核电、水利水电建设、氢能、油气管网、地热能、LNG、水电、绿电、数字能源、能源互联网、特高压、储能、垃圾发电、碳中和
生态环境产业	智慧农业、美丽中国
基础设施绿色升级	建筑节能、智能交通、垃圾分类、电动车、光伏屋顶、海绵城市、共享单车、共享汽车、智慧停车
绿色服务	合同能源管理

注：其中 PM2.5、固废处理、垃圾发电、碳中和同时属于多个绿色领域。

（二）全国绿色股票发展

1. 绿色股票年度分布

如图 4-29 所示，我国 A 股上市公司中绿色股票整体呈上升趋势，尤其是自 2015 年以来上升速度明显提高。事实上，2015 年被业界普遍认定为"中国绿色金融发展元年"，这一年中央政治局会议正式把"绿水青山就是金山银山"写进中央、国务院推进生态文明建设和生态文明体制改革等重要文件。反映在资本市场上，越来越多的上市公司开始涉足绿色产业。

2. 绿色股票区域分布

2021 年，绿色股票的区域分布情况如图 4-30 所示。广东、江苏、浙江、北京、上海绿色上市公司数量位列前 5，均在 40 家以上。海南、青海、内蒙古、贵州、山西绿色上市公司数量则不足 5 家。显然，东部沿海地区绿色上市公司数量明显高于西部地区。

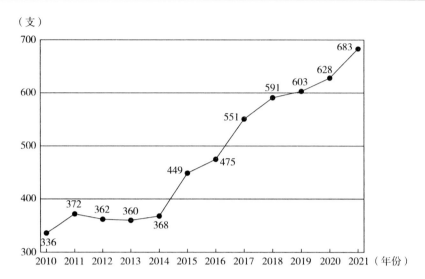

图 4-29　绿色股票年度分布情况

资料来源：Wind 资讯。

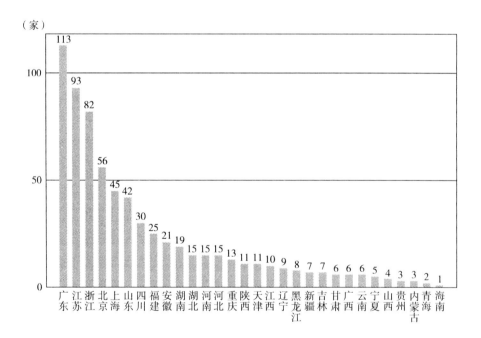

图 4-30　绿色公司分布情况

资料来源：Wind 资讯。

3. 绿色股票行业分布

2021 年，根据证监会行业分类（2012 年版），样本绿色股票的行业分类情况如图 4-31 所示。其中，制造业绿色股票共 464 家，遥遥领先于其他各行业。电力、热力、燃气及水生产和供应业，水利、环境和公共设施管理业，信息传输、软件和信息技术服务业分属第 2 名至第 4 名。

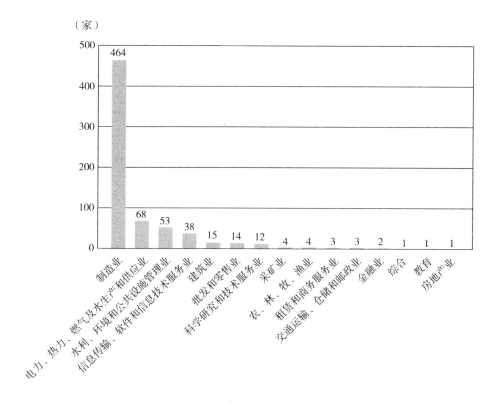

图 4-31　绿色股票行业分布情况

资料来源：Wind 资讯。

4. 绿色股票产权性质分布

对绿色股票所属上市公司的所有权性质进行分析，发现绝大多数绿色上市公司为民营企业，其次为地方国有企业和中央企业。以 2021 年为例，683 家绿色公司中，民营公司、地方国有企业和中央企业分别为 408 家、125 家和 85 家，这与近年来 A 股上市公司整体的产权结构是一致的（见图 4-32）。

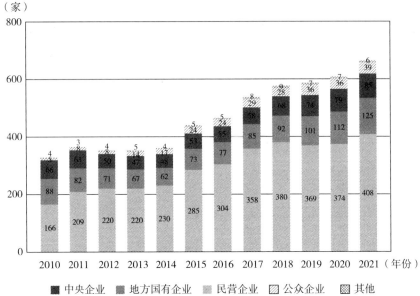

图4-32 绿色公司性质分布

资料来源：Wind 资讯。

5. 绿色股票绿色标签分布

样本绿色股票大多数仅对应1个绿色标签，但也有公司对应2个及以上绿色标签。拥有绿色标签数量最多的三家公司为阳光电源、智光电气和科陆电子，均有8个绿色标签。就2021年而言，碳中和、新能源、节能环保是最为普遍的绿色标签，均对应100支以上的绿色股票，反映出绿色股票主要分布在清洁能源产业和节能环保产业（见图4-33）。

6. 绿色股票股权融资情况

2010~2021年，绿色股票年均融资1779.93亿元。其中，2015年后融资规模明显较之前有所上升，年均融资达2369.68亿元。从绿色公司股权融资规模占全部A股上升公司股权融资规模的比例来看，各年该比例均在10%以上，尤其是2020年达到了21%的高点。从融资渠道来看，配股融资是绿色股票第一大融资渠道，其次为发行可转债和IPO（见图4-34）。

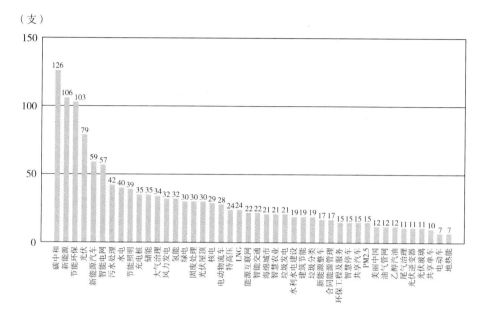

图4-33　不同绿色标签下的绿色股票数量

资料来源：Wind资讯。

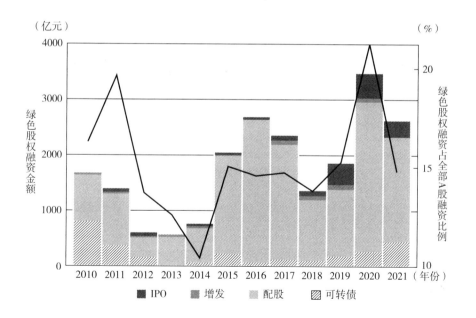

图4-34　绿色股票股权融资情况

资料来源：Wind资讯。

（三）京津冀绿色股票发展

1. 绿色股票年度分布

2010~2021 年，京津冀三地绿色股票数量呈上升趋势，从 2010 年的 41 支上升至 2021 年的 82 支，翻了 1 倍。尤其是自 2015 年以来，上升速度明显提高，仅 2015 年就比上年增加了 9 支绿色股票，2017 年比 2016 年更是增加了 11 支绿色股票（见图 4-35）。

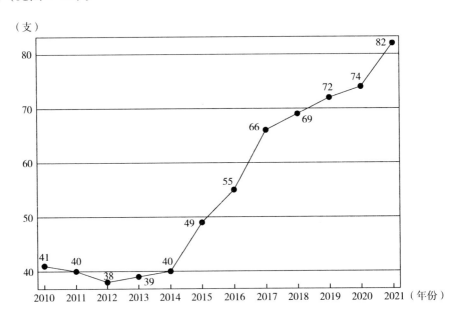

图 4-35 京津冀绿色股票数量

资料来源：Wind 资讯。

2015 年前，三地之间绿色股票的分布基本呈现出"北京>天津>河北"的特点，2015 年后，则是"北京>河北>天津"。其中，北京绿色股票数量超过天津和河北之和（见图 4-36）。

2. 绿色股票行业分布

与全国绿色股票的行业分布特征类似，京津冀三地绿色股票同样主要分布在制造业，电力、热力、燃气及水生产和供应业，水利、环境和公共设施管理业与信息传输、软件和信息技术服务业。以 2021 年为例，绿色股票主要分布在制造业（34 家），电力、热力、燃气及水生产和供应业（12 家），水利、环境和公共设施管理业（10 家）与信息传输、软件和信息技术服务业（9 家）（见图 4-37）。

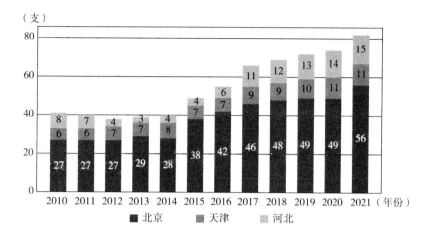

图 4-36　京津冀各地绿色股票数量

资料来源：Wind 资讯。

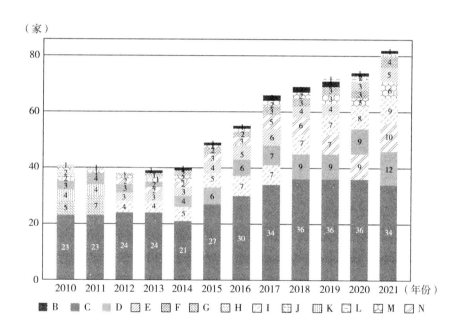

图 4-37　京津冀绿色股票行业分布

注：与证监会行业分类指引（2012 年版）一致，字母代表相应的门类代码。B 表示采矿业；C 表示制造业；D 表示电力、热力、燃气及水生产和供应业；E 表示建筑业；F 表示批发和零售业；G 表示交通运输、仓储和邮政业；H 表示住宿和餐饮业；I 表示信息传输、软件和信息技术服务业；J 表示金融业；K 表示房地产业；L 表示租赁和商务服务业；M 表示科学研究和技术服务业；N 表示水利、环境和公共设施管理业。

资料来源：Wind 资讯。

3. 绿色股票产权性质分布

整体而言，三地绿色公司以民营企业为主，其次是中央企业和地方国有企业。不过，京津冀三地绿色股票的产权性质各有其特点。以 2021 年为例，北京的排序是"民营企业>中央企业>地方国有企业>公众企业"，反映出北京作为诸多央企总部所在地的独特性；天津各类企业的分布更为均匀；河北和北京结构类似，不过没有公众企业类型的绿色股票（见图 4-38 和图 4-39）。

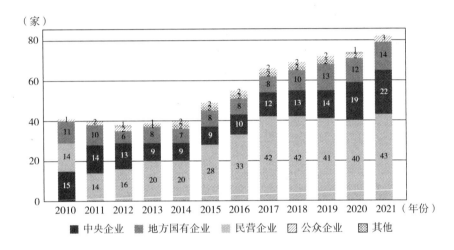

图 4-38　京津冀绿色股票产权性质分布

资料来源：Wind 资讯。

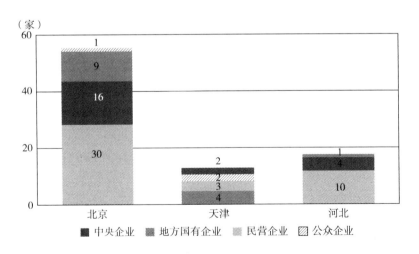

图 4-39　2021 年京津冀各地绿色股票产权性质分布

资料来源：Wind 资讯。

4. 绿色股票绿色标签分布

与全国绿色股票所属标签情况基本一致，节能环保、碳中和、新能源是对应绿色股票数量最多的三大标签。结合前述对京津冀三地绿色信贷投向的分析可知，绿色股票所属标签和绿色信贷投向领域具有较高的重叠（见图4-40）。

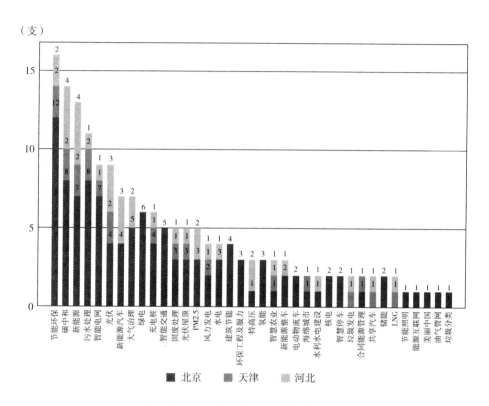

图4-40　京津冀各地绿色股票标签分布

资料来源：Wind资讯。

5. 绿色股票股权融资情况

从融资方式来看，与全国情况一致，配股也是京津冀地区绿色股票融资的主要渠道。从绿色股票融资占京津冀地区上市公司融资的比例来看，2010～2021年该比例平均为17.13%，尤其是2015年和2020年占比较高（见图4-41）。

横向比较三地绿色股票融资总量，不难发现，除了2020年，北京市绿色股票股权融资是最多的，再次凸显了北京在京津冀三地绿色发展中"领头羊"地位（见图4-42）。

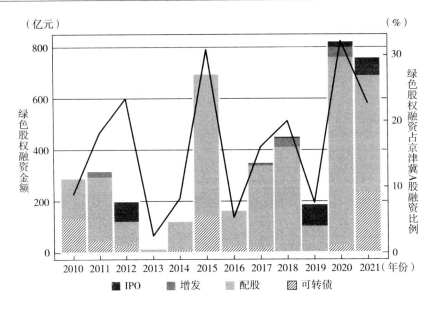

图 4-41 京津冀绿色股票股权融资情况

资料来源：Wind 资讯。

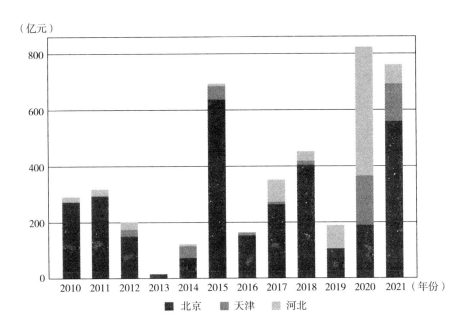

图 4-42 京津冀各地绿色股票股权融资金额

资料来源：Wind 资讯。

四、绿色公募基金发展情况

（一）我国绿色公募基金界定

近年来，公募基金更加关注投资中的环境、社会和公司治理（ESG）绩效。根据上述对绿色基金和 ESG 基金关系的论述，本书将绿色公募基金界定为纯 ESG 公募基金和明确考虑环境主题的泛 ESG 公募基金的并集。

为了确定绿色公募基金名单，本书主要参考参照国证指数官网公布的《ESG：全球新共识中国新机遇》以及中国证券投资基金业协会发布的《中国上市公司 ESG 评价体系研究本书》确定关键字，对国内 ESG 基金进行筛选。如果某基金全称中包含"ESG"这一关键字，则该基金被认为是纯 ESG 基金。如果某基金全称中包含"新能源""可持续发展""美丽""绿色""低碳""节能""环保""清洁""碳中和""循环经济""生态""环境"等关键词，则该基金被认为是主要考虑环境主题的泛 ESG 基金[①]。

截至 2022 年 4 月 7 日，本书根据上述关键词在全市场 9576 支内地公募基金（AC 类合并、剔除分级子基金和 ETF 联结基金）中，筛选出了 160 支绿色基金（其中纯 ESG 基金 21 支）。

（二）全国绿色公募基金发展

1. 绿色公募基金数量

近年来，绿色公募基金数量保持稳步增长。具体可以分为三个阶段。第一阶段（2005~2009 年），市场上仅有 1 支绿色基金（天治低碳经济灵活配置混合型基金）；第二阶段（2010~2013 年），市场上绿色基金数量开始突破 10 支；第三阶段（2013~2022 年）是快速增长期，从 2013 年的 10 支增至 2022 年的 160 支，增长了 15 倍（见图 4-43）。

2. 绿色公募基金规模

与绿色公募基金数量的增长相一致，绿色公募基金的规模也不断上升。具体来看，2010~2014 年，绿色公募基金规模相对较低，季度规模均值为 51.34 亿

---

① 需要说明的是，本书在界定泛 ESG 基金时，没有直接采用 Wind 概念板块基金下的 Wind ESG 概念基金。如果在产品名称、投资范围、目标、理念或业绩基准中含"ESG、社会责任、道德责任、绿色、环保、低碳、美丽中国、公司治理、可持续发展"等关键词则被纳入 Wind ESG 概念基金。由于 Wind 对 ESG 概念板块的分类标准太过宽泛和机械，ESG 因素在基金投资策略中可有可并无强制约束，仅作为基金经理投资理念被写进了基金合同，从而许多无关 ESG 主题的基金也被纳入该板块。

元；2015~2019 年，绿色公募基金规模上了一个大台阶，季度规模均值为 328.79
亿元；2020~2022 年，绿色公募基金规模快速上升，由 2020 年第一季度的
686.13 亿元上升至 2022 年第二季度的 3508.61 亿元，两年半的时间增加了 4 倍
多（见图 4-44）。

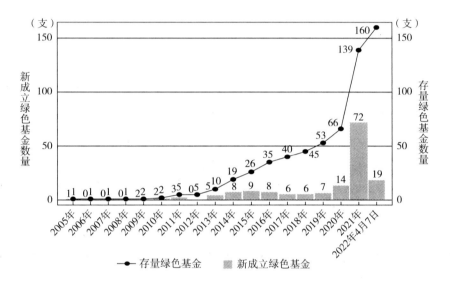

图 4-43 我国绿色公募基金数量

资料来源：Wind 资讯。

图 4-44 我国绿色公募基金规模

注：对于分级基金，如果公布的资产净值是合并数据，显示为是；如果是分开公布的，显示为否；除
分级基金外其他基金均显示为否。分级包括：A/B 类收益分级、A/C 类收费分级及币种分级。

资料来源：Wind 资讯。

3. 绿色公募基金类型

按照投资标的和投资策略，我们将筛选出的绿色公募基金分为中长期纯债型基金、偏股混合型基金、灵活配置型基金、普通股票型基金、指数型基金（包括增强指数型基金和被动指数型基金）五类。从数量来看，近年来指数型绿色基金异军突起，在 2021 年成为数量最多的一类绿色基金。其他四类中，中长期纯债型基金数量最少，偏股混合型基金、灵活配置型基金、普通股票型基金三类基金的数量在不同年份互有高下。从规模来看，指数基金的规模仍然偏小（尽管近年来已经比中长期纯债型基金规模大）。在绝大多数年份中，偏股混合型和普通股票型公募基金的规模位列前两名（见图 4-45 和图 4-46）。

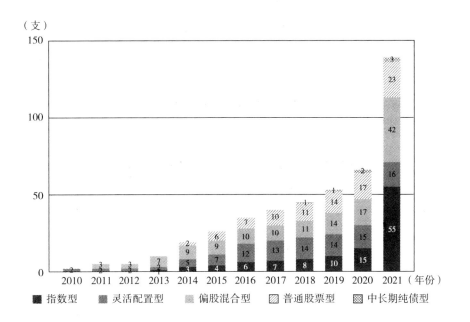

图 4-45　不同类型绿色公募基金数量

资料来源：Wind 资讯。

4. 绿色公募基金管理人

160 支绿色基金由 73 家基金管理公司发行，管理基金数量超过 4 支的基金公司如表 4-10 所示，其中，华夏基金管理有限公司管理的绿色基金数量最多，共有 9 支。

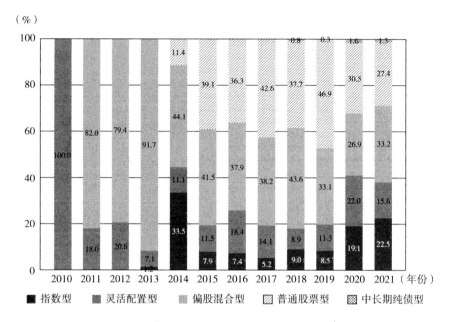

图 4-46　不同类型绿色公募基金占比

资料来源：Wind 资讯。

表 4-10　绿色公募基金管理数超过 4 支的管理人　　　　　　　单位：支

序号	基金管理人中文名称	基金管理人管理支数
1	华夏基金管理有限公司	9
2	富国基金管理有限公司	8
3	汇添富基金管理股份有限公司	8
4	鹏华基金管理有限公司	7
5	工银瑞信基金管理有限公司	6
6	华安基金管理有限公司	6
7	博时基金管理有限公司	5
8	易方达基金管理有限公司	5
9	华宝基金管理有限公司	5

　　基金管理公司管理基金规模（2022 年 4 月 7 日）超过 100 亿元的管理人如表 4-11 所示，其中，富国基金管理有限公司和汇添富基金管理股份有限公司管理的绿色基金规模超过 330 亿元。

表 4-11 基金管理公司管理基金规模超过 100 亿元的管理人 单位：亿元

序号	基金管理人中文名称	基金管理规模
1	富国基金管理有限公司	330.1393
2	汇添富基金管理股份有限公司	323.316
3	农银汇理基金管理有限公司	287.516
4	工银瑞信基金管理有限公司	233.0983
5	东方基金管理股份有限公司	224.406
6	信达澳亚基金管理有限公司	213.275
7	景顺长城基金管理有限公司	208.2513
8	华夏基金管理有限公司	153.6293
9	嘉实基金管理有限公司	142.9189
10	兴证全球基金管理有限公司	104.2931
11	平安基金管理有限公司	102.0139

按照基金管理公司的注册地分布，主要集中在上海、深圳、北京。京津冀三地中，河北尚未有发行绿色基金的基金管理公司，天津仅有 1 家基金管理公司（天弘基金管理有限公司）发行绿色基金。基于 2022 年第二季度管理规模数据的分析发现，与基金管理公司的数量分布相一致，上海、深圳、北京的绿色公募基金规模位列前三（见图 4-47 和图 4-48）。

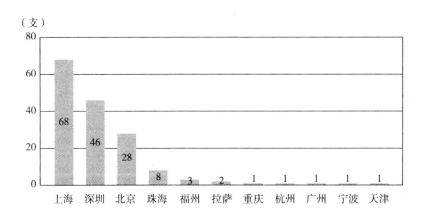

图 4-47 不同区域发行绿色公募基金的公司数量

资料来源：Wind 资讯。

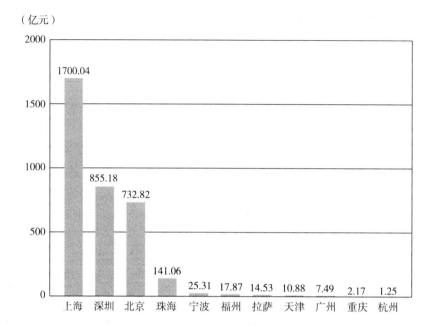

图 4-48　不同区域绿色公募基金的发行规模

资料来源：Wind 资讯。

（三）京津冀绿色公募基金发展

如前所述，京津冀三地中，河北尚未有发行绿色基金的基金管理公司，天津仅有 1 家基金管理公司（天弘基金管理有限公司）。因此，分析京津冀绿色基金，其实就是分析北京和天津两地基金公司所管理的 29 支绿色基金。我们仍然从设立时间、规模、类型等维度进行分析：

1. 绿色公募基金数量

2011 年，东方基金管理股份有限公司（注册地：北京）设立东方新能源汽车混合开放式基金（基金代码：400015），成为京津冀地区首支绿色公募基金。2015 年，工银瑞信基金管理有限公司（注册地：北京）设立了工银新材料新能源股票型基金（基金代码：001158），建信基金管理有限责任公司设立建信环保产业股票型基金（基金代码：001166. OF），此后京津冀地区绿色基金数量稳步上升。尤其是 2021 年，绿色基金数量由 2020 年的 7 支一举跃升到 20 支，且 2022 年 4 月之前又设立了 9 支绿色基金，反映出近年来京津冀地区绿色公募基金快速发展的现状（见图 4-49）。

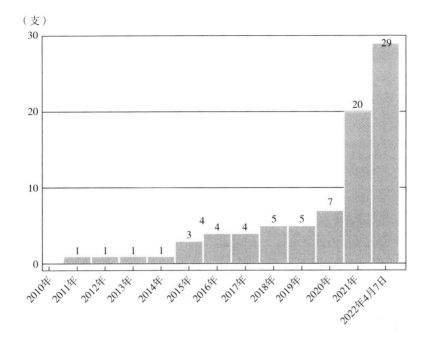

图 4-49　京津冀绿色公募基金数量

资料来源：Wind 资讯。

2. 绿色公募基金规模

与全国绿色公募基金规模的变化规律一致，京津冀地区绿色基金规模也可以大致分为三个阶段：第一个阶段（2011~2014 年），绿色公募基金规模较低，季度规模均值仅为 0.97 亿元。其原因也很容易理解，即这一阶段京津冀地区仅有一支绿色公募基金。第二个阶段（2015~2019 年），绿色公募基金规模较前一阶段有明显提升（其间季度规模均值为 59.32 亿元），整体规模较为平稳，甚至有一定下滑趋势。第三个阶段（2020 年至今），绿色公募基金规模快速增长，由 2020 年第一季度的 151.41 亿元上升至 2022 年第二季度的 743.69 亿元（见图 4-50）。

3. 绿色公募基金类型

在第一个阶段（2011~2014 年），京津冀地区仅有一支偏股混合型基金。在第二个阶段（2015~2019 年），普通股票型基金虽与偏股型混合基金在数量上不相上下，但规模远远领先于后者。在第三个阶段（2020 年至今），指数型基金开始占据一席之地，其规模仅次于偏股混合型基金，领先于股票型基金。2021年，指数型基金数量为 8 支，超过了偏股混合型基金数量（7 支）（见图 4-51 和

图 4-52）。

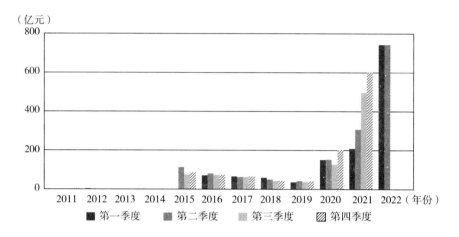

图 4-50　京津冀绿色公募基金规模

资料来源：Wind 资讯。

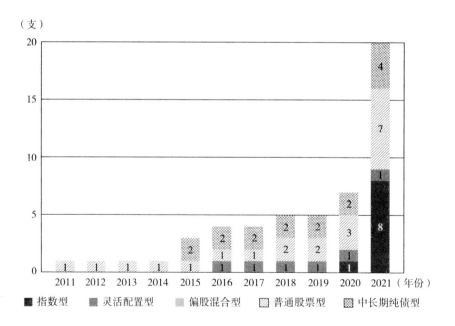

图 4-51　京津冀绿色公募基金数量

资料来源：Wind 资讯。

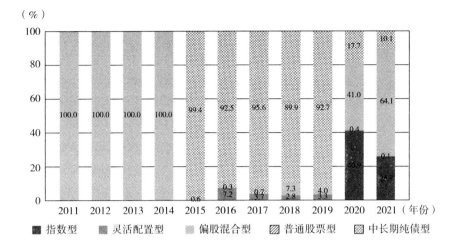

图 4-52 京津冀绿色公募基金规模占比

资料来源：Wind 资讯。

五、绿色私募基金发展情况

（一）绿色私募基金界定

我国私募基金发展迅速，截至 2021 年 12 月 30 日，协会登记的存续私募基金 124117 支，私募基金管理规模 197639.37 亿元。其中，证券类私募[①] 61247.38 亿元、股权及创投类私募[②] 127820.41 亿元、私募资产配置基金[③] 46.48 亿元、其他类私募[④] 8525.10 亿元。

为了确定绿色私募基金名单，本书主要参考参照中基协官网公布的《中国私募投资基金行业践行社会责任本书（2021）》《基金管理人绿色投资自评估本书（2019）》确定关键字，对国内绿色私募基金进行筛选。具体而言，如果基金名称

---

① 证券类私募基金主要指投资于公开交易的股票、债券、期货、期权、基金份额、FOF 类基金以及证监会规定的其他证券及其衍生品种。

② 股权和创投类私募基金主要指投资于未上市企业股权、上市公司非公开发行或交易的股票、可转债、市场化和法治化债转股、股权类基金份额、处于创业各阶段的未上市成长性企业股权以及证监会认可的其他资产。

③ 私募资产配置基金是指采用基金中 80% 以上的已投基金，资产应当投资于依法设立或备案的资管产品。

④ 其他类私募基金则主要指投资除证券及其衍生品和股权、创投之外的其他领域的基金，主要包括投资红酒等艺术品、文化品以及投资信托计划、券商资管、基金专户等资产管理计划的私募基金。

或者基金管理人名称中包含"新能源""可持续发展""美丽""绿色""低碳"
"节能""环保""清洁""碳中和""循环经济""生态""环境""污染"
"ESG""气候"等关键词，则该基金被认为是明确考虑环境问题的绿色基金。

根据上述关键词，我们在全市场 199913 支私募基金（成立时间在 2022 年 4
月 1 日之前，包括已清算基金）中筛选出了 795 家基金管理公司所管理的 1150
支绿色私募基金。

（二）全国绿色私募基金发展

1. 绿色私募基金备案时间

2014~2015 年，绿色私募基金（新增）备案数量不足 100 家。2016~2017 年
是绿色金融重大政策发布期，绿色基金备案相对较为集中。具体而言，与绿色私
募有关的政策包括：2016 年发布的《关于构建绿色金融体系的指导意见》，明确
提出要设立绿色产业发展基金；《中共中央关于制定国民经济和社会发展第十三
个五年规划的建议》中，明确提出"发展绿色金融，设立绿色发展基金"。
2018~2020 年，绿色私募基金备案数量逐年降低，这与私募基金备案政策收紧有
关。2021 年，绿色私募基金备案有所反弹，可能与新能源股票二级市场表现强
势有关（见图 4-53）。

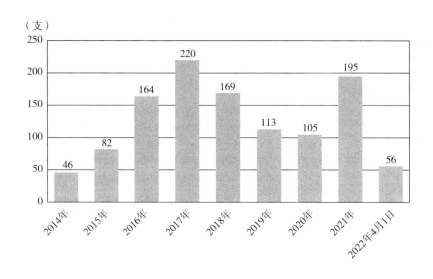

图 4-53 历年绿色私募基金设立备案数量

资料来源：Wind 资讯。

2. 绿色私募基金类型

在已备案的绿色私募基金中，数量最多的是股权投资基金（773支），其次是创业投资基金（178支）和证券投资基金（110支），其他私募投资基金、基金子公司和信托计划分别只有83支、4支和2支，这与全部已备案私募基金类型分布基本一致（见图4-54）。

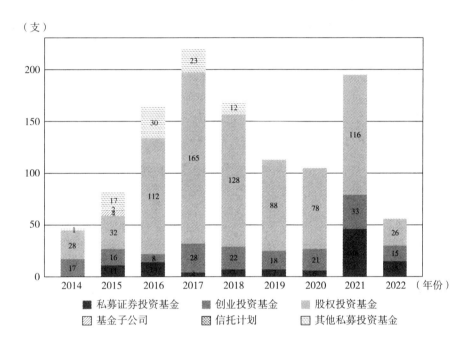

图4-54 绿色私募基金类型分布

资料来源：Wind资讯。

3. 绿色私募基金管理类型

私募基金管理类型分为三类，分别是自我管理类型、受托管理类型和顾问管理类型。①自我管理，指基金自聘管理团队。②受托管理，指采取委托管理方式将资产委托私募基金管理人进行管理。③顾问管理，指借助通道（信托、期货资管、券商资管、基金专户、基金子公司资管计划等）发行产品，通道方作为基金管理人，私募管理人作为产品的投资顾问去管理产品。

在1150支绿色私募基金中，1141支为受托管理，6支为顾问管理，3支为自我管理。其中，3支自我管理的私募基金均为股权投资基金，6支顾问管理的私募基金中 2 支为借助信托计划发行产品，4 支为借助基金子公司发行产品。

4. 绿色私募基金管理人地域分布

如图 4-55 所示，绿色私募基金管理人集中注册在广东（含深圳市）、北京、上海、浙江等地。这与全部已登记私募基金管理人注册地分布是一致的。根据《私募基金管理人登记及产品备案月报（2021 年 12 月）》，截至 2021 年 12 月末，已登记私募基金管理人数量从注册地分布来看，集中在上海、深圳、北京、浙江（宁波除外）和广东（深圳除外），总计占比达 69.03%。其中，上海有 4531 家、深圳 4308 家、北京 4296 家、浙江（宁波除外）有 2035 家、广东（深圳除外）有 1819 家，数量占比分别为 18.41%、17.51%、17.46%、8.27%、7.39%。

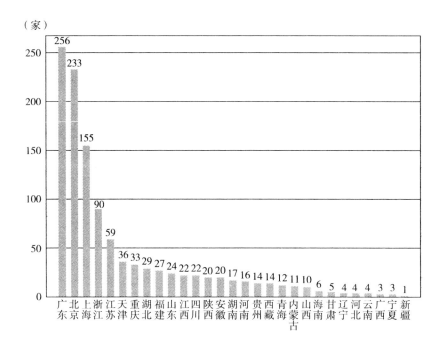

图 4-55 绿色私募基金地区分布

资料来源：Wind 资讯。

（三）京津冀绿色私募基金发展

1. 绿色私募基金备案时间

截至 2022 年 4 月 7 日，京津冀绿色私募基金共 273 支，其中北京 233 支，天津 36 支，河北 4 支。京津冀绿色私募基金备案情况与全国情况基本一致，均呈现出"2016~2017 年备案数量较多、2018~2020 年备案数量有所回落、2021 年备案数量明显回升"的特点（见图 4-56 和图 4-57）。

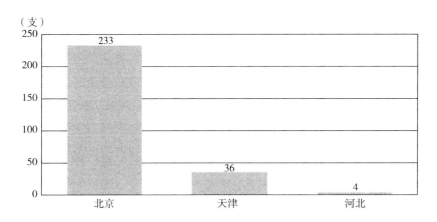

图 4-56　京津冀绿色私募基金数量

资料来源：Wind 资讯。

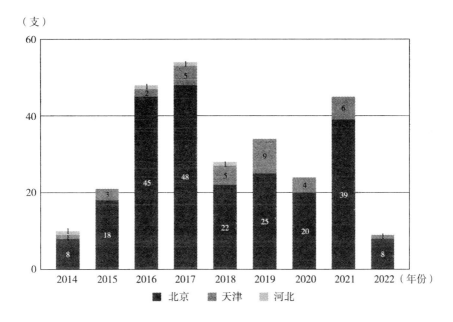

图 4-57　历年京津冀绿色私募基金数量

资料来源：Wind 资讯。

2. 绿色私募基金类型

在京津冀已备案的 273 支绿色私募基金中，数量最多的是股权投资基金（195 支），其余类型私募基金数量较少，其中创业投资基金 40 支、证券投资基金 20 支，其他私募投资基金和基金子公司分别只有 14 支和 4 支，这与全部已备案绿色私募基金类型分布基本一致。从管理类型来看，273 支绿色私募基金中，267 支为受托管理，4 支为顾问管理，2 支为自我管理，可见受托管理占绝大多数（见图 4-58）。

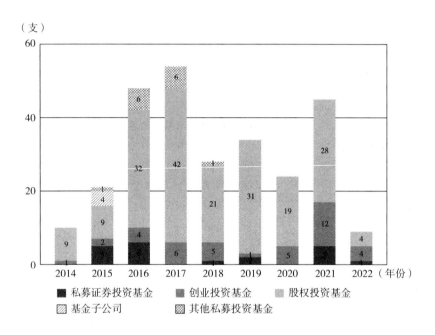

图 4-58　京津冀绿色私募基金类型

资料来源：Wind 资讯。

六、绿色保险发展情况

（一）绿色保险的发展现状——基于环境责任险的分析

考虑到环境责任险是我国最主要的绿色保险产品，我们重点分析环境责任险的情况。

1. 各地区环境责任险发展

江苏、广东、四川、甘肃等省份将投保环境污染责任保险与企业环境保护信用评价、环保专项资金申报、信贷支持、排污许可管理等相结合，通过行政手段引导企业积极投保。截至 2019 年 7 月，开展环境污染责任保险试点的省份共计 21 个，涉及重金属、石化、危险化合物、危废处理等 20 余个高环境风险行业（见表 4-12）。

表 4-12　我国部分地区环境污染责任险投保情况（不完全统计）

时间	省份	内容
2013~2018 年	贵州	累计实现保费 247.87 万元，保险为其提供风险保障 1.37 亿元
截至 2019 年 7 月	福建	厦门市共 134 家企业投保环境污染责任险，保险为其提供风险保障 2.27 亿元
截至 2019 年 6 月	江苏	无锡市累计参保企业超过 7725 家次，累计承担责任风险 74.48 亿元，共对 6300 多家企业进行环境风险现场勘察与评估
截至 2019 年中	云南	102 家试点企业投保费额 212.4 万元，为投保企业提供保险保障 1.97 亿元
截至 2018 年	广东	深圳市共有 774 家企业投保，风控服务率为 100%，构建了"风控+保险+理赔"的全过程风险管理模式
截至 2019 年 9 月		广州市全市新增绿色保费收入 488 亿元
2015~2019 年	河北	全省累计投保企业 3738 家次，风险保障额度 128.51 亿元；唐山市累计投保企业 456 家次，转移风险金额 66.9 亿元，占全省的 52%
2018 年	浙江嘉兴	共为 202 家企业提供风险保障服务，提供风险保额 1.92 亿元，发现隐患 2456 个，整改隐患 583 个，涉及化工、印染、金属表面处理、固废处理等行业
2019 年		南湖区形成"保险+服务+防范"为一体的环境风险管理新模式，有 115 家企业投保，累计保费 313.91 万元，保额 1.77 亿元

资料来源：《中国绿色金融研究本书（2020）》。

　　在京津冀三地中，北京环境责任险发展较晚。根据公开报道，2019 年 12 月 30 日，北京市环境污染责任险首张保单成功签署[①]。相比之下，河北省环境责任险发展较早，2009 年开始实施的《河北省减少污染物排放条例》，已经将环境污染责任保险写进了有关条款。保定市于 2011 年首先在部分化工企业开展环境污

---

　　① 2019 年 12 月 30 日，北京市环境污染责任保险签约仪式在太平财产保险有限公司北京分公司（以下简称太平财险北分）成功举办。市生态环境局、市金融监管局、北京银保监局、太平财险北分、北京金隅红树林集团、英大长安保险经纪有关代表 20 余人参加签约仪式，共同见证了太平财险北分与北京金隅集团旗下两家公司签署首张北京市环境污染责任险保单，标志着北京市环责险试点工作正式启动。

染责任险试点工作，2014 年河北首例污染责任险获赔。天津方面，根据天津银保监局数据，2020 年，辖内绿色保险累计为全市 62 家生产企业提供风险保障 4.12 亿元，为投保企业因环境污染事故造成人员伤亡和财产损失提供保险保障。

2. 各财险公司环境责任险发展

本书从 EPS 数据平台中搜集到了 38 家财险公司开发的 275 支环境责任险产品。其中，阳光财险以 36 支环境责任险产品居于榜首，其次是浙商财险（34 支）和天安财险（29 支）。按产品销售地区分类发现，多数环境责任险产品可在全国范围内销售（见图 4-59 和图 4-60）。

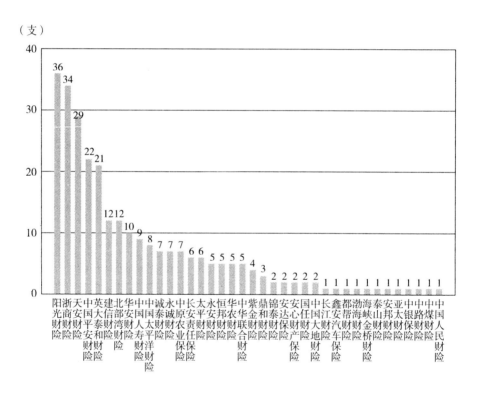

图 4-59　各财险公司环境责任险产品数量

资料来源：EPS 数据库。

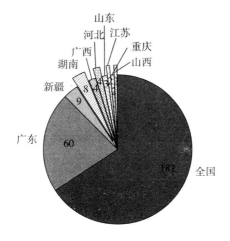

图 4-60　环境责任险产品销售地区分类

资料来源：EPS 数据库。

（二）绿色保险的发展现状——基于农业保险的分析

农业受自然环境影响较大，部分文献利用农业保险代表我国绿色保险的发展情况。我们基于各地区财险公司农业保险收入和赔付数据，构造了如下反映农业保险发展情况的指标：第一，农业保险收入占比＝财产保险公司保费收入农业保险/财产保险公司保费收入合计×100%；第二，农业保险支出占比＝财险公司农业保险赔付支出/保险公司赔付支出合计×100%；第三，农业保险赔付率＝财产保险公司农业保险赔付支出/财产保险公司农业保险保费收入×100%。

1. 全国农业保险发展趋势

从 2007 年开始，2007 年中央财政正式启动农业保险保费补贴试点，此后保费补贴区域由局部转向全国、保费补贴品种不断拓展，农业保险保费收入、农业保险偿付额和偿付率稳步提升。2020 年，我国已成为全球农业保险保费收入第一大国（见图 4-61）。

2. 农业保险发展的地区差异

图 4-62 和图 4-63 分别显示了 2010~2020 年各地农业保险收入占比和农业保险支出占比的均值。其中，排名靠前的 5 个省份（西藏除外）均较早被列入中央财政农业保险保费补贴试点中。其中，新疆、内蒙古、湖南、吉林属于 2007 年首批试点省份，黑龙江属于 2008 年新增试点省份之一。可见，试点开展越早的省份，其农业保险发展水平越高，从侧面反映了我国农业保险保费补贴政策的有效性。

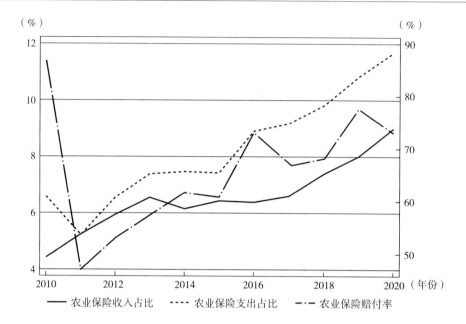

图 4-61　我国农业保险发展趋势

资料来源：EPS 数据库。

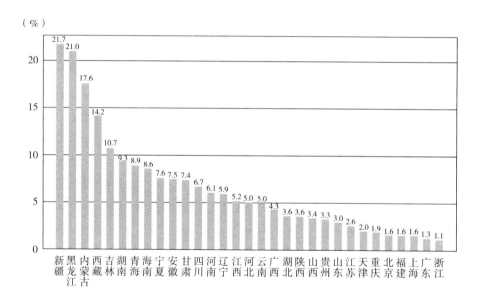

图 4-62　各地农业保险收入占比

资料来源：EPS 数据库。

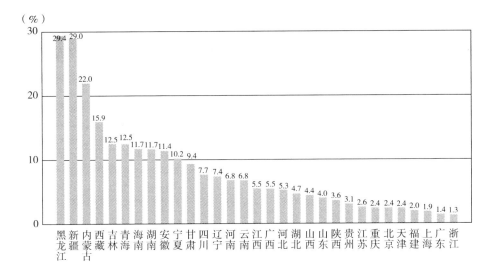

图 4-63　各地农业保险支出占比

资料来源：EPS 数据库。

当我们使用农业保险赔付率进行分析时，发现赔付率最高的是北京，这与基于农业保险收入占比或支出占比存在较大差异。换言之，从对农业保险收入占比（农业保险支出占比）和农业保险赔付率的分省描述可以发现，不同指标识别出的"绿色保险"发展程度与最高（低）的省份截然不同。因此，我们认为使用农业保险替代绿色保险并不合理（见图 4-64）。

七、碳金融发展情况

（一）全国碳市场发展

我国全国性碳市场建设从 2021 年 7 月起正式实施。全国碳市场的启动令中国碳市场覆盖规模大幅提升，标志着中国乃至全球碳交易体系的全新阶段开启。一方面，相较区域性碳市场，全国碳市场的启动令中国碳市场覆盖面进一步提升，交易量随之大幅扩张。根据 2021 年最终核算结果，全国碳市场覆盖约 45 亿吨碳排放，推测占我国全部碳排放的 40% 左右。截至 2021 年 12 月 31 日，全国碳市场成交量达 1.79 亿吨，占中国碳市场累计成交量的 31.90%。另一方面，中国的全国碳市场启动并成为全球第一大碳市场，全球碳交易体系覆盖规模有了大幅跃升。

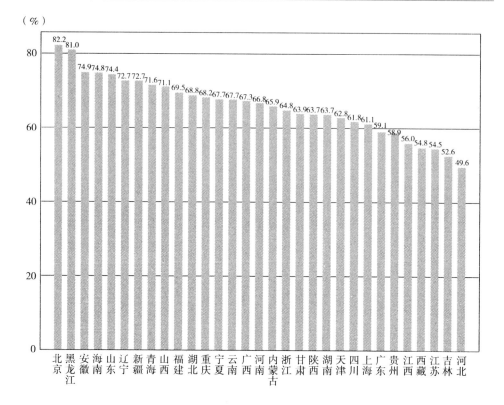

图4-64 不同区域农业保险赔付率

资料来源：EPS数据库。

从2021年7月全国碳市场启动至2021年末，我国碳市场碳配额交易情况具有两项特征：一是交易量集中，"潮汐现象"显著：2021年全国碳交易主要集中于三个时点，分别为7月末、9月末及11月至年末。

二是碳价基本反映我国当前减排目标下的边际负外部性，但波动较大。一方面，碳价相对合理。2021年，由于一级市场配额总量相对宽松且实行免费分配，我国全国碳市场碳价在40~60元/吨波动，碳价水平与全球其他主要碳市场（如欧盟等）相比较低，而与7个地方试点市场近两年加权平均碳价（40元/吨左右）相比略高，且并未与地方试点经验形成大幅背离，可大致认为，全国市场碳价水平基本反映了我国电力行业在当前减排目标下的边际负外部成本水平。另一方面，受交易量"潮汐现象"影响，碳价波动较大：碳市场开市之初，企业成交热情相对高涨，碳价相对较高，7月碳价基本维持在54元/吨左右。8月及其后成交量与碳价双双下行，碳价自 8 月初的 52 元/吨左右降至 10 月末的 42 元/吨左右。年末随着履约期临近，企业交易热情提升，碳价自 11 月初的 42 元/吨一路攀升至年末的 54 元/吨（见图 4-65）。

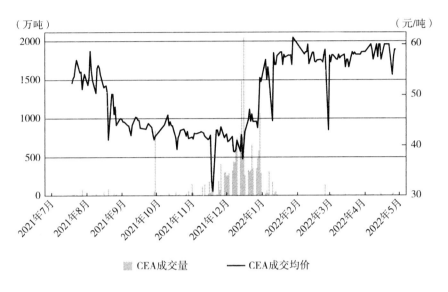

图 4-65　全国碳市场成交情况

资料来源：Wind 资讯，平安证券研究所。

（二）区域碳市场发展

2011 年，国家发展改革委下发《关于开展碳排放权交易试点工作的通知》，批准 7 个省市地区开展碳排放交易试点工作，自此开启我国碳市场的探索；2012 年 6 月发改委公布《温室气体自愿减排交易管理暂行办法》，对自愿减排（CCER）审定与核准作出规定；2013 年开始七大试点地区碳市场陆续启动。至 2021 年，我国各试点碳市场已覆盖各区域内 20%~40% 的温室气体排放量，且各地履约情况良好，履约率（期末能够足额上缴碳配额企业占总控排企业比例）均在 100% 左右，碳市场已成为各区域内重要的减排手段。

我国主要区域碳市场成立至今，碳市场量、价表现具有共性同时也具有差异性。共性主要体现在"潮汐现象"显著以及碳市场运行初期碳价走势相似；而差异性则表现在区域碳市场间交易量差距大，以及随着区域碳市场发展碳价走势逐渐分化。

在交易量方面：一方面，我国区域性碳市场交易均呈现类似于全国市场的特点，即临履约期时交易量大幅攀升（潮汐现象），这是由于我国碳强度市场的特点，以及区域碳市场虽有碳金融尝试，但受限于市场规模难以展开导致；另一方面，由于我国区域碳市场的发展水平、排放总量等均具有较大差异，虽然各区域碳市场所覆盖的排放比例相差不大，但各区域间配额总量本身差异巨大，造成了其交易总量差异较大的现象。

在碳价方面：碳价差异大，各区域碳市场成立初期碳价均下滑，市场逐渐成熟后碳价走势分化。成立初期，虽然由于发展水平不同，各区域碳市场成立后碳价有高有低，但其初期均基本经历了碳价先涨后跌的过程。本质上，这是由于区域性碳市场成立初期存在信息不对称，开市热情推动下碳价偏高，而后在配额总量供过于求的背景下逐渐回归理性。市场逐渐成熟后（2017 年起），北京、上海、广东碳市场碳价开始回升，而其他区域碳市场碳价继续下跌。造成这一现象的原因可能有两方面：一是北京、上海、广东三地市场调节机制更为完善且碳金融发展水平高，参与主体相对更广，导致其相较其他市场对资金的吸引力更强；二是三地配额总量调整力度大，更早走出了配额总量供过于求的状态（见图 4-66 至图 4-69）。

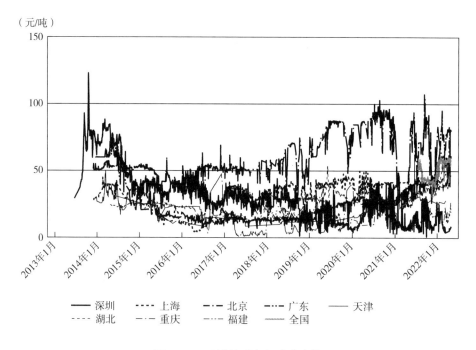

图 4-66　区域性碳市场碳价走势

资料来源：Wind 资讯。

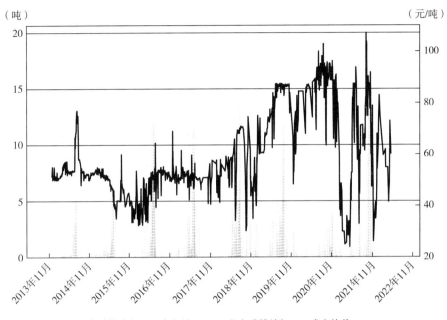

北京碳排放权BEA成交量 —— 北京碳排放权BEA成交均价

图 4-67 北京碳市场成交量及碳价走势

资料来源：Wind 资讯。

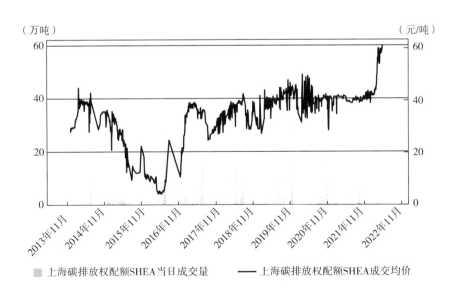

上海碳排放权配额SHEA当日成交量 —— 上海碳排放权配额SHEA成交均价

图 4-68 上海碳市场成交量及碳价走势

资料来源：Wind 资讯。

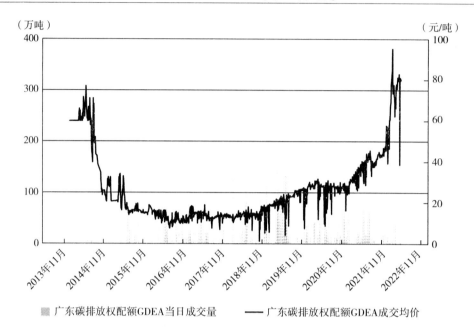

图 4-69 广东碳市场成交量及碳价走势

资料来源：Wind 资讯。

（三）区域碳金融发展情况

当前我国区域碳市场已有相当丰富的碳金融工具实践，但由于各区域碳市场相对割裂、体量有限且规则不统一，仅有碳质押贷款、碳远期等部分工具实现了常规应用，大部分工具仅少量尝试后便束之高阁。全国碳市场启动后，碳金融发展环境优化，且随着全国碳市场纳入行业逐步增加，碳金融的发展基础将越发完善，碳金融工具的运用也将愈加频繁。因此，当下我国区域碳市场的碳金融实践对未来全国市场的碳金融体系建设具有重要的借鉴参考意义。我们将按照常见的交易工具、融资工具、支持工具及其他创新工具进行梳理（见表 4-13）。

表 4-13　我国区域碳市场对碳金融工具的应用情况

工具类别	具体工具	地区								
		试点							非试点	
		北京	上海	天津	深圳	广东	重庆	湖北	福建	四川
交易工具	碳期货	—								
	碳期权	√								

续表

工具类别	具体工具		地区								
			试点							非试点	
			北京	上海	天津	深圳	广东	重庆	湖北	福建	四川
交易工具	碳远期			√			√		√		
	碳掉期		√								
	碳指数交易产品						√		√	√	
融资工具	碳质押		√	√		√	√		√	√	
	碳回购/逆回购		√	√		√	√		√	√	
	碳结构性存款					√					
	碳信托			√							
	碳资产证券化	碳债券				√			√		
		碳基金				√			√		
支持工具	碳托管					√	√		√	√	
	碳指数		√				√				
	碳保险								√		

注：空白表示暂未找到相关内容，不代表确定未开展相关工具的运用。

资料来源：各碳市场官网，公开信息整理。

自"十二五"以来，我国逐步开展碳排放权交易试点，推进全国碳排放权交易体系建设。在实际推动过程中，因为国情不同，我国一直是采取政策先行，由上自下引导碳金融市场的建设。2016年中国人民银行、财政部、国家发展改革委、环保部等部门联合印发《关于构建绿色金融体系的指导意见》，其中明确指出需完善环境权益交易市场、丰富融资工具，一方面促进建立全国统一的碳排放权交易市场和有国际影响力的碳定价中心；另一方面基于各类环境权益的融资工具，拓宽企业绿色融资渠道，发展环境权益回购、保理、托管等金融产品。

目前我国已建立七大碳排放权交易中心，各交易所围绕碳排放权交易开展碳金融业务，部分交易所业务涉及碳基金、绿色存款、碳债券等绿色金融业务，各所业务如表4-14所示，其中我们重点关注的北京环境交易所开展的碳金融业务较多，包括碳资产质押融资、碳债券、碳基金等，天津排放权交易所开展的业务主要是碳排放权交易。

京津冀绿色金融协同发展的经济效应和提升机制研究

表 4-14 国内碳交易所已开展碳金融相关业务

碳交易所	碳金融相关业务
广州碳排放权交易所	碳排放权交易、配额抵押融资、配额回购融资、配额远期交易、CCER 远期交易、配额托管
深圳碳排放权交易所	碳排放权交易、碳资产质押融资、境内外碳资产回购式融资、碳债券、碳配额托管、绿色结构性存款、碳基金
北京环境交易所	碳排放权交易、碳配额回购融资、碳配额场外掉期交易、碳配额质押融资、碳配额场外期权交易
上海环境能源交易所	碳排放权交易、上海碳配额远期、碳信托、碳基金
天津排放权交易所	碳排放权交易
湖北碳排放权交易中心	碳排放权交易、碳资产质押融资、碳债券、碳资产托管、碳排放配额回购融资、碳金融结构性存款
重庆碳排放权交易中心	碳排放权交易

资料来源：各碳市场官网，公开信息整理。

第五章　地区绿色金融指数构造和协同情况分析

本书第四章从绿色信贷、绿色债券、绿色股票、绿色基金（包括公募基金和私募基金）、绿色保险和碳金融等多个维度分析了我国和京津冀地区绿色金融发展状况。本章进一步构造综合反映地区绿色金融发展情况的绿色金融指数，比较分析不同地区绿色金融发展状况，并分析绿色金融发展的区域协同性。

第一节　地区绿色金融指数的构造

为了综合评价近年来我国绿色金融发展水平，必须构建科学的绿色金融评价指标体系。

一、指标体系

本章从绿色信贷、绿色债券、绿色股票、绿色私募基金和碳金融五个方面测度各地区绿色金融发展水平（见表 5-1）。需要说明的是，一方面，指标体系中并未包含绿色保险这一维度，原因在于目前缺乏分省绿色保险数据。一些文献采用农业保险来代理绿色保险，农业保险在传统农业大省发展程度较高，且基于不同农业保险发展指标给出的排名存在较大差异，因此，本书认为农业保险并不能反映绿色保险发展程度。基于指标体系度量的科学性原则，我们未在绿色金融发展指标体系中纳入绿色保险相关指标。另一方面，指标体系未包含绿色公募基金这一维度。原因在于，绿色公募基金管理公司高度集中于北上广地区，且绿色公募以偏股型基金为主，其资金最终还是投向了绿色股票。在已经专门考虑绿色股票这一维度后，再考虑绿色公募基金的意义不大。此外，在衡量地区碳金融发展状况时，我们没有基于碳排放权交易量进行测算（除七大试点地区外，其他地区无数据），而是以碳减排效果从侧面予以衡量。

表 5-1　绿色金融指标体系

一级指标	二级指标	三级指标	指标说明	数据来源	备注
绿色金融发展水平	绿色信贷	六大高耗能产业利息支出占比	i 地区 t 年六大高耗能行业内规模以上工业企业利息支出/i 地区 t 年规模以上工业企业利息支出	《中国工业经济统计年鉴》、EPS 数据库	六大高耗能产业分别为：化学原料及化学制品制造业、非金属矿物制品业、黑色金属冶炼及压延加工业、有色金属冶炼及压延加工业、石油加工炼焦及核燃料加工业、电力热力的生产和供应业
		重污染行业上市公司借款占比	i 地区 t 年重污染上市公司长期借款和短期借款之和/i 地区 t 年全部上市公司长期借款之和	Wind	重污染企业名单的认定主要根据中国证券监督委员会 2012 年修订的《上市公司行业分类指引》、环境保护部 2008 年制定的《上市公司环保核查行业分类管理名录》（环办函〔2008〕373 号）以及《上市公司环境信息披露指南》（环办函〔2010〕78 号），共选取 21 个行业：B06（煤炭开采和洗选业）、B07（石油和天然气开采业）、B08（黑色金属矿采选业）、B09（有色金属矿采选业）、B10（非金属矿采选业）、B11（开采辅助活动）、C15（酒、饮料和精制茶制造业）、C17（纺织业）、C18（纺织服装、服饰业）、C19（皮革、毛皮、羽毛及其制品和制鞋业）、C22（造纸及纸制品业）、C25（石油加工、炼焦及核燃料加工业）、C26（化学原料及化学制品制造业）、C27（医药制造业）、C28（化学纤维制造业）、C29（橡胶和塑料制品业）、C30（非金属矿物制品业）、C31（黑色金属冶炼及压延加工业）、C32（有色金属冶炼及压延加工业）、C33（金属制品业）、D44（电力、热力生产和供应业）
	绿色债券	绿色债券发行额占比	i 地区 t 年绿色债券发行额/全国 t 年绿色债券发行额	Wind	缺失值取 0

续表

一级指标	二级指标	三级指标	指标说明	数据来源	备注
绿色金融发展水平	绿色债券	绿色债券融资成本	i 地区 t 年全部绿色债券加权票面利率	Wind	缺失值以该地区历年加权票面利率最大值填补
	绿色股票	绿色股票市值占比	i 地区 t 年绿色上市公司股票市值/i 地区 t 年全部上市公司股票市值	Wind	绿色股票名单的筛选见本书第四章
		绿色股票股权融资占比	i 地区 t 年绿色上市公司股权融资额/i 地区 t 年全部上市公司股权融资额	Wind	绿色股票名单的筛选见本书第四章。股权融资包括首发、增发、配股、可转债。缺失值以 0 填补
	绿色私募	绿色私募基金数量占比	i 地区 t 年存量绿色私募基金数量/全国 t 年存量绿色私募基金数量	中国证券投资基金业协会	从中国证券投资基金业协会私募基金公示网址爬取相应数据
	碳金融	地区碳排放强度	i 地区 t 年碳排放量（吨）/i 地区 t 年 GDP（万元）	中国碳核算数据库（CEADs）	2020 年数据尚未公布，采用线性外推法填补

二、样本选择和数据来源

2010 年之前，绿色金融各维度缺失值较多，本书以 2010 年作为指标的起始年份。具体而言，本书构造了 2010~2020 年我国 30 个省份（不含港澳台和西藏地区）的绿色金融指数。构造地区绿色金融指数的数据中，分省经济、环境数据来自 Wind 数据库中的分省宏观经济模块，工业行业利息支出数据来自 EPS 数据库，上市公司、绿色债券数据来自 Wind，绿色私募数据来自中国证券投资基金业协会，地区碳排放数据来自中国碳核算数据库（CEADs）。

三、基于熵值法获取指标权重

熵值法是目前客观赋权法中的主要方法，旨在根据各评价指标值之间的差异度来对其进行赋权。在信息论中，信息熵被用于度量信息量，即一个系统越是有序，信息熵就越低；反之，信息熵也可以说是系统信息的大小、是评价精度和可靠性的决定因素之一，如果指标的信息熵越小，该指标提供的信息量就越大，在综合指标中所起作用也越大，权重也越高。熵值法复权的具体步骤如下：

（一）对原始数据进行标准化处理

$$
x_{it}^j = \begin{cases} \dfrac{X_{it}^j - \min(X_{it}^j)}{\max(X_{it}^j) - \min(X_{it}^j)} & (\text{对于正向指标}) \\[4mm] \dfrac{\min(X_{it}^j) - X_{it}^j}{\max(X_{it}^j) - \min(X_{it}^j)} & (\text{对于负向指标}) \end{cases} \tag{5-1}
$$

其中，X 和 x 分别表示原始数据和标准化后的指标，i 和 t 分别表示区域（$i = 1, 2, \cdots, 30$）和年份（$t = 2010, 2011, \cdots, 2020$），$j$ 表示三级指标（$j = 1, 2, \cdots, 8$）。正向指标是指与绿色发展程度正相关的指标，包括绿色债券发行额占比、绿色股票市值占比、绿色股票股权融资占比、绿色私募基金数量占比；负向指标包括六大高耗能产业利息支出占比、重污染行业上市公司借款占比、绿色债券票面加权票面利率、地区碳排放强度。通过标准化处理后，全部指标均在 0~1，且均与绿色发展程度正相关。

（二）用熵值法确定指标权重

第一，对于指标 j，计算 i 省份占全部省份的比重：$P_{it}^j = \dfrac{x_{it}^j}{\sum\limits_{i=1}^{i=n} x_{it}^j}$。其中，$n$ 为评价单元（地区）总数量，即 30。

第二，指标 j 的信息熵：$E^j = -(\ln n)^{-1} \sum\limits_{i=1}^{i=n} P_{it}^j \ln(P_{it}^j)$。

第三，指标 j 的权重：$\omega^j = \dfrac{(1 - E^j)}{\sum\limits_{j=1}^{j=k} 1 - E^j}$。其中 k 为参与构建综合指标的三级指标数量，即 $k = 8$。

第四，标准化处理后的数据，经过上述运算，可以得出绿色金融评价指标体系中各指标的权重。进而可以得到各地区绿色金融发展指数：$GFI_{it} = \sum_{j=1}^{j=k} \omega^j x_{it}^j$。

第二节 地区绿色金融指数的描述

一、绿色金融指数的空间分布

图 5-1 清晰地展示了不同地区绿色金融发展程度的差异：北京、广东、上海位于前三名，紧随其后的是浙江、湖北、江苏。排名倒数的地区则是青海、内蒙古、辽宁、山西、贵州、广西。

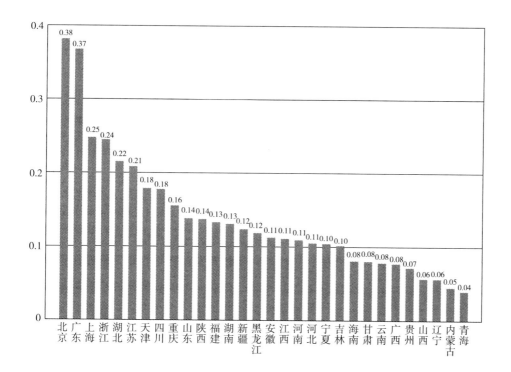

图 5-1 我国各地区绿色金融指数

数据来源：笔者自行计算得到。

二、绿色金融指数的时间演变

图 5-2 展示了全国绿色金融指数（各地区均值）的变化情况，总体而言，绿色金融指数呈不断上升趋势，尤其是 2015 年以后，每年上升一个台阶，增速明显加快。不过，在整体上升的过程中，不同省份之间绿色金融发展程度存在巨大差异。图 5-3 以箱线图的形式展示了每年各地区绿色金融指数的分布情况，可见 2015 年前，各地区绿色金融发展程度差异相对较小，而 2015 年以后，北京、上海、广东、湖北、浙江等省份的发展速度明显加快，成为箱线图中的"极端值"。

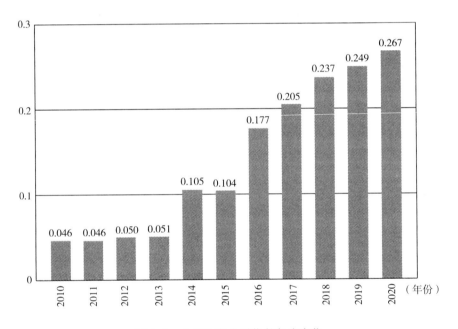

图 5-2　全国绿色金融指数年度变化

资料来源：笔者自行计算得到。

三、京津冀地区绿色金融发展指数

由图 5-4 可知，2010~2014 年，京津冀绿色金融发展程度差异较小，均处于较低水平。在 2014 年，尤其是 2015 年以后，三地绿色金融发展情况出现了较大分化，呈现出"北京>天津>河北"的特点。进一步分析绿色金融指数的分项指

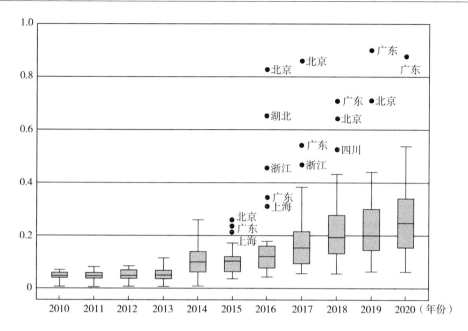

图 5-3 绿色金融发展指数箱线图

资料来源：笔者自行计算得到。

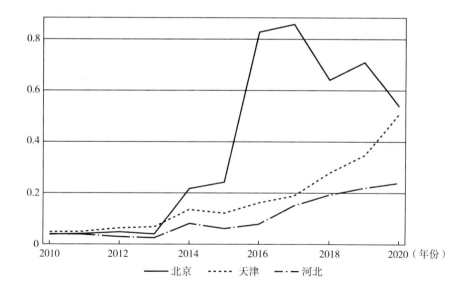

图 5-4 京津冀地区绿色金融发展指数

资料来源：笔者自行计算得到。

标发现，北京地区的绿色债券和绿色私募于 2016 年有较大增幅，而天津和河北并无此现象，这是导致北京 2016 年绿色金融发展指数迅速上升的主要原因。

第三节　绿色金融协同程度分析：
基于空间相关性检验

在构造各省份绿色金融指数后，本书继续分析绿色金融发展的协同程度。尽管测度金融协同的方式主要基于 FH 法，但在测算各地绿色金融协同程度时无法照搬上述做法。原因在于，FH 法要求明确界定各地区的投资和储蓄，尽管我们能够获得各省份投资和储蓄数据，但却无法知晓各地的绿色投资和绿色储蓄数据。

根据地理学第一定律，任何事物都是与其他事物相关的，只不过相近的事物关联更紧密。基于这一定律，本书准备在空间计量经济学范式下，通过空间自相关检验来验证绿色金融发展是否存在空间溢出效应，以此测度地区间绿色金融发展的协同程度。

一、空间权重矩阵的设定

在度量空间相关关系时，需要构造合适的空间权重矩阵 W。记来自 n 个区域的空间数据为 $\{x_i\}_{i=1}^n$，i 表示区域 i。记区域 i 与区域 j 之间的距离为 ω_{ij}，则可定义空间权重矩阵（Spatial Weighting Matrix）如下：

$$W = \begin{pmatrix} \omega_{11} & \omega_{12} & \cdots & \omega_{1n} \\ \omega_{21} & \omega_{22} & \cdots & \omega_{2n} \\ \vdots & \vdots & \ddots & \vdots \\ \omega_{n1} & \omega_{n2} & \cdots & \omega_{nn} \end{pmatrix} \tag{5-2}$$

空间权重矩阵的构造必须满足"空间相关性随着距离的增加而减少"的原则。其中，"距离"的定义是广义的，包括但不限于地理上的相邻或者欧式距离，也可以是经济意义上的远近。现有研究中空间权重矩阵的选择法分为四类：

第一类是以空间临近关系为基础的权重矩阵，包括空间 Queen 临近矩阵、空间 Rook 临近矩阵和空间 k 阶临近矩阵。

第二类是以经纬度距离为基础的空间距离矩阵，矩阵元素是两区域距离的减函数，即 $\omega_{ij} = d_{ij}^{-\varphi}$，其中参数 φ 通常取值为 0.5、1 或 2，取值越大表示空间作用衰减速度越快。

第三类是以经济距离为基础的权重矩阵。地理相邻地区经济上的相互关系并不完全相同。用 GDP 衡量区域经济发展水平，设空间单元 i 和空间单元 j 的 GDP 分别为 Y_i 和 Y_j，若定义地区 i 与地区 j 之间的经济距离（经济差距）为 $e_{ij} = |Y_i - Y_j|$，那么 e_{ij} 越小就说明区域 i 与区域 j 之间的经济发展水平越相似，经济距离越近，两者之间的空间权重系数越大，定义空间权重矩阵中的元素 $\omega_{ij} = 1/|Y_i - Y_j|$。

第四类是复合型空间权重矩阵。上述三种中任何一种距离标准单独来衡量区域间的空间关联可能存在偏差，因此，可以构造同时考虑空间相邻、地理距离或经济距离的复合型空间权重矩阵。

本书构造了如下空间权重矩阵：一是基于直线距离的空间权重矩阵 W1，矩阵各元素 $\omega_{ij} = 1/d_{ij}$，其中，d_{ij} 为省份 i 和省份 j 地理几何中心的球面直线距离。二是基于交通距离的空间权重矩阵 W2，矩阵各元素为 $\omega_{ij} = 1/l_{ij}$，其中，l_{ij} 为 2010~2020 年省份 i 省会城市和省份 j 省会城市之间最短高速公路公里数的均值。三是基于经济距离的空间权重矩阵 W3，矩阵各元素 $\omega_{ij} = 1/|gdp_i - gdp_j|$，$gdp_i$ 为第 i 地区 2010~2020 年人均 GDP 的均值。四是直线距离和经济距离复合型空间权重矩阵 W4，矩阵各元素 $\omega_{ij} = 1/(d_{ij} \times |gdp_i - gdp_j|)$。五是公路距离和经济距离复合型空间权重矩阵 W5，矩阵各元素 $\omega_{ij} = 1/(l_{ij} \times |gdp_i - gdp_j|)$。

二、空间自相关的检验

"空间自相关"（Spatial Autocorrelation）可理解为位置相近的区域具有相似的变量取值。如果高（低）值与高（低）值聚集在一起，则为"正空间自相关"（Positive Spatial Autocorrelation）；反之，如果高值与低值相邻，则为"负空间自相关"（Negative Spatial Autocorrelation）。如果高值与低值完全随机地分布，则不存在空间自相关。

目前用于检验空间自相关的方法中，以莫兰指数 I（Moran's I）（Moran，1950）最为流行：$I = \dfrac{\displaystyle\sum_{i=1}^{n} \sum_{j=1}^{n} \omega_{ij}(x_i - \bar{x})(x_j - \bar{x})}{\displaystyle\sum_{i=1}^{n} (x_i - \bar{x})^2}$。莫兰指数 I 的取值介于 $-1 \sim 1$，

大于 0 表示正自相关；小于 0 表示负自相关。如果莫兰指数 I 接近于 0，则表明空间分布是随机的。

以上的莫兰指数 I 考察的是整个空间序列 $\{x_i\}_{i=1}^{n}$ 的空间集聚情况，也被称为"全局莫兰指数 I"。"局部莫兰指数 I"则可以考察某区域附近的空间集聚情况：$I_i = \dfrac{(x_i - \overline{x})}{S^2} \sum\limits_{j=1}^{n} \omega_{ij}(x_j - \overline{x})$。局部莫兰指数 I 的含义与全局莫兰指数 I 相似。其中 x_i 为前文测度的绿色金融发展指数。

三、绿色金融发展指数的空间相关性分析

（一）直线距离空间权重矩阵（W1）下的莫兰散点图

图 5-5 展示了 2010 年、2015 年、2018 年和 2020 年 4 个代表性年度内各地区绿色金融发展指数的莫兰散点图。各年度莫兰指数 I 数值较小，且在 2015 年和 2018 年为负值，说明基于直接距离的空间权重矩阵下，各地区绿色金融发展指数并不具有很强的空间自相关。

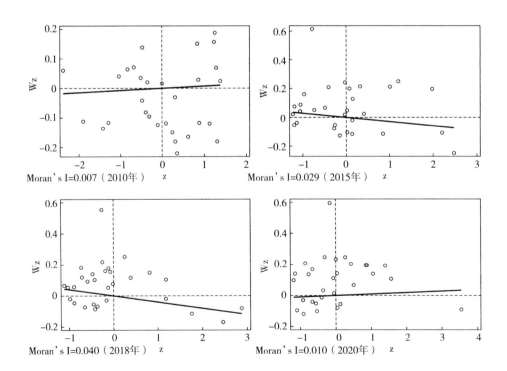

图 5-5　绿色金融指数的莫兰散点图（直线距离空间权重矩阵）

（二）交通距离空间权重矩阵（W2）下的莫兰散点图

基于交通距离空间权重矩阵 W2 对绿色金融指数的空间相关性进行分析。如图 5-6 所示，2015 年莫兰指数 I 为正值，2018 年依然为负值，数值还很小。2010 年和 2020 年莫兰指数 I 仍为正值，并且数值相较直线距离空间权重矩阵下的莫兰指数有明显提升。因而交通距离空间权重矩阵下，地区绿色金融指数的正空间自相关性更大。

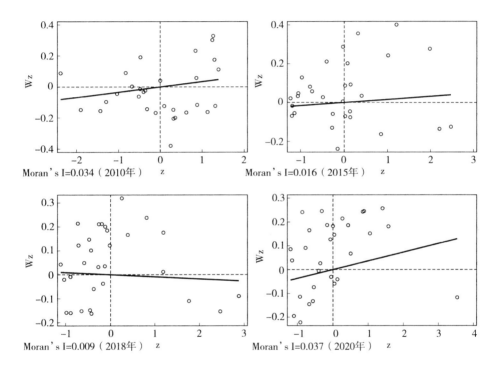

图 5-6　绿色金融指数的莫兰散点图（交通距离空间权重矩阵）

（三）经济距离空间权重矩阵（W3）下的莫兰散点图

与前述情况不同，经济距离空间权重矩阵下，各年份莫兰指数 I 普遍为正，并且数值也有所增加，如图 5-7 所示。由表 5-2 可知，2010～2013 年，莫兰指数 I 显著性较差，表明在这期间绿色金融指数不存在明显的空间自相关。2014 年以来的各年中（2018 年除外），莫兰指数 I 均在 10% 及以上水平显著为正，意味着存在正的空间自相关，表明地区绿色金融发展在经济距离空间上正向聚集。

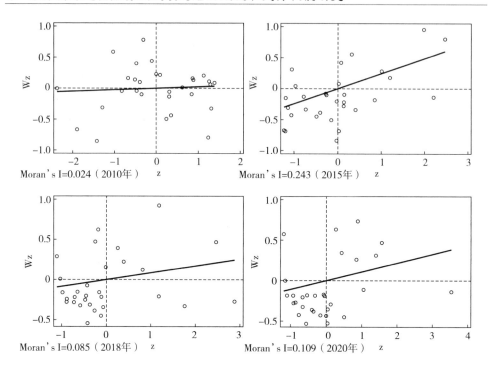

图 5-7　绿色金融指数的莫兰散点图（经济距离空间权重矩阵）

表 5-2　不同空间权重矩阵下莫兰指数 I

年份	经济距离矩阵		直线距离和经济距离复合矩阵		交通距离和经济距离复合矩阵	
	Moran's I	P-value	Moran's I	P-value	Moran's I	P-value
2010	0.0243	0.5047	0.0998	0.1528	0.1435	0.0622
2011	0.0264	0.4885	0.1044	0.1381	0.1588	0.0422
2012	−0.0206	0.8762	0.0659	0.2911	0.094	0.1835
2013	−0.1359	0.2455	−0.077	0.6479	−0.0333	0.9898
2014	0.1552	0.0300	0.1866	0.0175	0.2163	0.0080
2015	0.2429	0.0014	0.2735	0.0009	0.3022	0.0003
2016	0.1446	0.0232	0.1286	0.0523	0.1488	0.0319
2017	0.1844	0.0049	0.1647	0.0162	0.1850	0.0091
2018	0.0848	0.1597	0.0873	0.1776	0.1075	0.1219
2019	0.1428	0.0239	0.1789	0.0107	0.1861	0.0094
2020	0.1087	0.0789	0.1744	0.0161	0.1856	0.0125

（四）直线距离和经济距离复合型空间权重矩阵（W4）下的莫兰散点图

直线距离和经济距离复合型空间权重矩阵下，各年份莫兰指数 I 普遍为正，数值也大于单独基于直线距离或经济距离构造的空间权重矩阵下的莫兰指数，如图 5-8 所示。由表 5-2 可知，2014 年以来的各年中（2018 年除外），莫兰指数 I 均在 10% 及以上水平显著为正，意味着存在正的空间自相关。

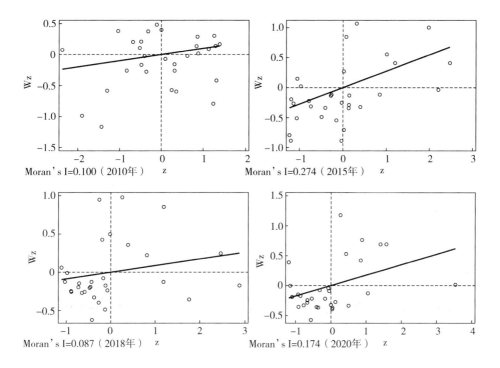

图 5-8 绿色金融指数的莫兰散点图（直线距离和经济距离复合型空间权重矩阵）

（五）交通距离和经济距离复合型空间权重矩阵（W5）下的莫兰散点图

交通距离和经济距离复合型空间权重矩阵下，各年份莫兰指数 I 同样普遍为正，并且莫兰指数的数值是各种类型空间权重矩阵下最大的，也就是同时考虑交通距离和经济距离时，区域绿色金融指数的空间自相关最大，如图 5-9 所示。与之前类似，由表 5-3 可知，2014 年以来的各年中（2018 年除外），莫兰指数 I 均在 10% 及以上水平显著为正，意味着存在正的空间自相关。

综合不同空间权重矩阵下的莫兰指数 I 可知，2013 年及之前，绿色金融指数的空间自相关很弱，不同地区绿色金融发展的溢出效应小；2013 年之后，绿色金融指数具有较强的正空间自相关，不同地区的绿色金融水平逐渐呈现正向聚集、协同发展的趋势。

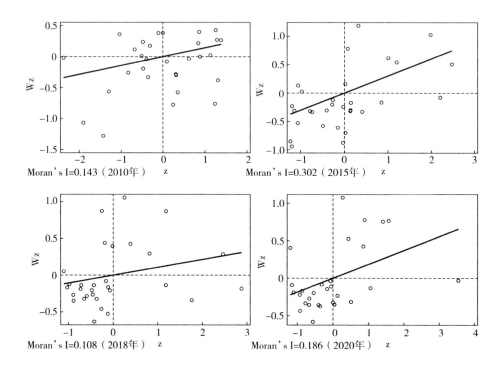

图5-9　绿色金融指数的莫兰散点图（交通距离和经济距离复合型空间权重矩阵）

（六）京津冀三地的局部莫兰指数

表5-3至表5-5为不同类型的距离矩阵下，京津冀三地局部莫兰指数I及检验结果。对于北京而言，经济距离矩阵下的局部莫兰指数在2010~2013年为负，绝对值较小，显著性弱；2014年及以后，经济距离矩阵下的局部莫兰指数为正，绝对值也明显变大，并且均显著。复合矩阵下的局部莫兰指数与经济距离矩阵下的局部莫兰指数较为相似，同样在2010~2013年为负，2014年及以后转正，且绝对值较大，不过2016~2017年的显著性较弱。另外，复合矩阵下的局部莫兰指数从2016年开始不断增加。表明近年来北京绿色金融发展与周边地区呈现明显的正空间自相关，且逐渐增强。

表 5-3 京津冀三地绿色金融指数的局部莫兰指数（经济距离矩阵）

年份	北京		天津		河北	
	Moran's I	P 值	Moran's I	P 值	Moran's I	P 值
2010	−0.198	0.657	0.021	0.717	−0.252	0.744
2011	−0.119	0.817	0.052	0.576	−0.306	0.682
2012	−0.057	0.951	0.156	0.215	−0.430	0.556
2013	−0.198	0.654	0.156	0.217	−1.857	0.006
2014	2.042	0.000	0.306	0.028	−0.218	0.781
2015	2.049	0.000	0.183	0.160	0.106	0.831
2016	0.986	0.003	−0.040	0.973	0.214	0.680
2017	1.530	0.000	−0.052	0.913	0.132	0.779
2018	1.193	0.001	0.104	0.375	0.108	0.825
2019	1.211	0.000	0.230	0.098	0.069	0.863
2020	0.761	0.022	0.454	0.002	0.072	0.863

表 5-4 京津冀三地绿色金融指数的局部莫兰指数（直线距离和经济距离复合矩阵）

年份	北京		天津		河北	
	Moran's I	P 值	Moran's I	P 值	Moran's I	P 值
2010	−0.104	0.870	−0.007	0.944	−0.121	0.858
2011	−0.075	0.924	0.002	0.926	−0.134	0.836
2012	−0.035	0.999	0.004	0.922	−0.170	0.780
2013	−0.149	0.785	−0.123	0.819	−1.063	0.031
2014	1.269	0.002	0.498	0.169	−0.062	0.955
2015	1.048	0.009	0.353	0.314	0.180	0.652
2016	0.113	0.704	−0.121	0.810	0.201	0.591
2017	0.415	0.241	−0.147	0.751	0.113	0.734
2018	0.632	0.104	0.260	0.437	0.111	0.755
2019	0.946	0.011	0.579	0.086	0.071	0.810
2020	1.120	0.004	1.001	0.005	0.037	0.874

表 5-5 京津冀三地绿色金融指数的局部莫兰指数（公路距离和经济距离复合矩阵）

年份	北京		天津		河北	
	Moran's I	P 值	Moran's I	P 值	Moran's I	P 值
2010	−0.117	0.854	−0.008	0.948	−0.056	0.963
2011	−0.086	0.908	0.001	0.930	−0.043	0.986

续表

年份	北京		天津		河北	
	Moran's I	P 值	Moran's I	P 值	Moran's I	P 值
2012	-0.045	0.982	0.027	0.882	-0.022	0.979
2013	-0.200	0.710	-0.092	0.888	-0.720	0.147
2014	1.430	0.001	0.541	0.157	0.024	0.902
2015	1.299	0.003	0.393	0.291	0.258	0.534
2016	0.287	0.432	-0.132	0.796	0.227	0.547
2017	0.537	0.158	-0.159	0.739	0.123	0.714
2018	0.729	0.079	0.281	0.428	0.128	0.724
2019	1.051	0.008	0.622	0.080	0.080	0.791
2020	1.243	0.002	1.096	0.003	0.024	0.895

对于天津而言，经济距离矩阵下的局部莫兰指数在 2016～2017 年为负，绝对值也较小，显著性弱；其他年份局部莫兰指数为正，并且从 2014 年开始，绝对值增大，显著性增强，其中 2014 年、2019 年和 2020 年局部莫兰指数分别为 0.306、0.230 和 0.454，且均在 10% 水平上拒绝"无空间自相关"的原假设。复合矩阵下的局部莫兰指数在 2010 年、2013 年、2016 年、2017 年均为负，但显著性都很弱；其余年份局部莫兰指数为正，但仅 2019 年和 2020 年在 10% 水平上拒绝"无空间自相关"的原假设。表明大部分时间内，天津绿色金融发展与周边地区没有明显的空间自相关，2019 年以后才出现正空间自相关。

对于河北而言，经济距离矩阵下的局部莫兰指数在 2010～2014 年为负，大部分显著性很弱，仅 2013 年在 1% 水平上显著；2015 年开始，局部莫兰指数转为正值，但是依然显著性弱。复合矩阵下的局部莫兰指数也类似，2010～2014 年为负，2015～2020 年为正，但是显著性都较弱。表明大部分时间内，河北绿色金融发展与周边地区没有明显的空间自相关。

综合而言，在经济距离矩阵和复合型空间距离矩阵下，在大多数年份中（尤其是 2014 年以来），对于北京，可以强烈拒绝"无空间自相关"的原假设，侧面反映出北京绿色金融发展的正的空间溢出效应。天津 2019 年才出现这种效应，时间较晚，而河北与周边地区始终没有明显的空间关联。结合前述分析，总体而言，全国范围内绿色金融的发展具有一定的协同性，而京津冀三地绿色金融协同程度仍有待提升。

第四节　我国区域绿色金融协同现状

一、京津冀绿色金融协同现状

（一）政府政策层面

目前，京津冀还没有专门的绿色金融协同发展政策，本节梳理了京津冀三地发布的政策中涉及绿色金融协同的内容。

第一，北京市发布的涉及京津冀绿色金融协同的政策。2017 年 9 月 11 日，北京市金融工作局发布了《关于构建首都绿色金融体系的实施办法》。该文件有四处提到京津冀协同发展：一是加快构建绿色金融体系，参与京津冀协同发展，促进服务业扩大开放，推动"一带一路"建设。二是支持开展环境权益交易和融资创新，建立服务京津冀和全国的排污权交易市场。三是建设绿色金融功能区，深化京津冀绿色金融区域协同合作。四是建立绿色项目储备机制，围绕京津冀协同发展重点领域，遴选一批环境效益显著的绿色项目，建立绿色项目库。

2021 年 7 月 26 日，中国人民银行监督管理委员会北京监管局发布了《北京银保监局办公室关于 2021 年银行业保险业支持"两区"建设的通知》。该文件指出要持续推动各区特色发展及京津冀协同发展。加强银行保险机构内部、机构之间的跨区域合作，统筹协调金融资源支持区域协同发展，包括重点支持建设全球财富管理中心、绿色金融改革创新试验区、首都功能核心区、数字经济标杆城市、临空经济区等。

第二，天津市发布的涉及京津冀绿色金融协同的政策。2017 年 3 月 13 日，天津市金融局、中国人民银行天津分行等八部门联合发布了《关于构建天津市绿色金融体系的实施意见》。该文件有三处提到京津冀协同发展：一是支持设立各类民间绿色投资基金。鼓励华夏银行碧水蓝天基金等绿色投资基金为京津冀地区节能减排，新能源，资源循环利用，水、土、气污染治理行业提供金融支持，为绿色投资基金的设立和发展提供高效便捷的服务。二是加强银租合作、同业合作，注重产品优势互补和客户资源共享，贡献差异化服务能力，通过联合租赁、转租赁等模式推动业务合作，提升协同发展水平，强化对京津冀区域绿色租赁业务布局。三是支持天津排放权交易所建设和发展。鼓励天津排放权交易所联合银行、基金、保险、信托、证券、资产管理等金融服务机构，针对碳排放权和减排量、绿色和可再生能源项目等金融业务需求，开展金融产品创新，推出以津为主、兼容京津冀协同发展、具有天津绿色金融特色的金融产品。

2020年11月26日，中国人民银行天津分行发布了《关于进一步推动天津市绿色金融创新发展的指导意见》。该文件鼓励金融租赁公司突出融资和融物相结合的特色，积极开展绿色租赁业务，加强对京津冀区域绿色租赁业务布局。

第三，河北省发布的涉及京津冀绿色金融协同的政策。2021年10月8日，河北银保监局发布了《关于银行业保险业发展绿色金融，助力碳达峰碳中和目标实现的指导意见》。该文件指出要优化项目筛选，加大绿色客户支持力度。发展碳汇金融，支持山水林田湖草生态修复，推进环境综合治理和资源综合利用，继续打好污染防治攻坚战，实现减污降碳协同效应。支持京津冀生态环境支撑区建设，打造绿色金融高地。

（二）金融机构层面

在绿色金融政策和京津冀协同发展理念的推动下，金融机构也开展了针对京津冀地区的绿色金融业务，专门为京津冀地区的节能环保、污染防治等绿色项目提供资金支持和金融服务。我们梳理了一些典型案例和做法。

1. "京绿通"专项再贴现产品

2021年8月25日，中国人民银行营业管理部、北京银保监局、北京证监局等八部门联合出台了《关于金融支持北京绿色低碳高质量发展的意见》，创新推出百亿规模的"京绿通"专项再贴现产品。"京绿通"专项再贴现产品专注京津冀绿色金融协同发展，定向支持区域内绿色企业签发或收受的票据。"京绿通"产品一经推出，立即得到京津冀地区众多银行的积极响应。

浦发银行北京分行在北京市股份制商业银行中率先落地"京绿通"再贴现业务，为绿色企业起息再贴现资金3200余万元。浦发银行北京分行将行内存量直贴票据用户与人行营业管理部提供的绿色企业名录进行匹配。在"京绿通"再贴现政策下达1个月内，浦发银行北京分行即为某绿色供应链上的医药销售企业申请了2000余万元再贴现额度，央行优惠资金由此及时直达绿色企业，推动了企业融资成本下降。

北京农商银行与人行营业管理部办理北京市首笔"京绿通Ⅰ"业务，为绿色企业提供资金支持9600余万元。"京绿通Ⅰ"是人行营业管理部为落实国家碳达峰、碳中和目标，支持经济向绿色低碳转型，对年度绿色信贷政策效果评估结果优异的特定银行推出的一款标准化、特色化再贴现产品。北京农商银行高度重视，积极助力"双碳目标"实现，"京绿通"相关产品发布后，主动联系符合要求的企业客户，提前储备票源，积极向人民银行营业管理部进行业务申请并成功完成北京市首笔"京绿通Ⅰ"业务落地，将专项再贴现资金用准、用实到绿色企业上。

百信银行积极响应人民银行营业管理部绿色金融货币政策工具创新，探索与票据贴现产品"百票贴"的整合对接，落地北京地区首笔"京绿通Ⅱ"专项再贴现产品。2021年下半年以来，百信银行围绕碳达峰、碳中和领域的重点行业，探索数字科技与绿色金融的融合，持续加码绿色金融，结合"京绿通Ⅱ"产品，向近百家绿色企业提供资金融通服务，其中小微企业占比超过90%，有效缓解了小微企业和民营企业融资难、融资贵的困境，有力践行了支持实体经济发展、服务普惠金融的方针政策。截至2021年11月末，百信银行"京绿通Ⅱ"绿色金融专项再贴现产品余额达4.20亿元，位列北京市第一。

2. 华夏银行：京津冀碧水蓝天基金和大气污染防治融资项目

随着国家"京津冀协同发展"战略的实施以及天津自贸试验区的建立，京津冀三地经济往来越来越紧密，区域性产业转移调整越来越多。华夏银行建立京津冀公司业务合作联席会议制度，在三地分行间实现政府政策规划、产业规划、空间布局等营销信息共享，并通过灵活多样的方式在三地推进一体化服务。京津冀碧水蓝天基金和大气污染防治融资项目就是京津冀绿色金融协同的典型案例。

华夏银行设立碧水蓝天基金，专门用于支持京津冀地区节能减排、新能源、资源循环利用、固体废弃物处理等绿色环保产业，并可延伸到产业链的上下游，重点投向生态环境治理、基础设施互联互通、产业迁移和科技创新，对符合条件的企业和项目进行资金支持，积极融入京津冀协同发展战略。

在华夏银行披露的碧水蓝天基金投资案例中，A公司为天津市在深市创业板上市企业，是一家拥有膜产品完整产业链的高科技企业。其主营业务为水处理设备生产及销售，属于绿色环保产业，是华夏银行积极营销鼓励支持的行业，且该公司为水处理行业首家上市公司，发展前景较好。华夏银行天津自贸区分行于2016年7月29日，通过X证券公司，以委托贷款的形式为A公司办理了5000万元"碧水蓝天基金"融资。

华夏银行和世界银行共同推出的京津冀大气污染防治融资创新主权贷款项目

于 2016 年启动。该项目是政策性国际金融组织转贷款项目，主要支持京津冀地区能源效率提升和大气污染尾端治理。项目采用结果为导向型（Program for Results）贷款模式，设立了项目结果指标体系，是中国境内实施的第一个采用该模式的创新性转贷款项目，也是世界银行在中国单体资金量最大的项目。截至 2020 年 12 月底，该项目已完成投放折合人民币 46.6 亿元。项目进展顺利，投放的 28 个子项目每年可节约标准煤 116 万吨，减排二氧化碳 284 万吨、二氧化硫 1.4 万吨、氮氧化合物 1.5 万吨，为京津冀地区空气污染防控做出了积极贡献。

根据华夏银行披露的案例，2022 年 6 月末，华夏银行天津分行为某央企在津光伏发电项目办理碳减排支持工具再贷款业务 3840 万元，实现年度首笔世界银行京津冀大气污染防治融资创新项目落地。光伏发电项目是国家重点扶持的公共基础设施项目，该发电项目建成后预计年平均发电量 1218.66 万千瓦时，每年可节约标准煤 3716.91 吨，相应每年可减少二氧化碳约 9919.89 吨、二氧化硫 75.56 吨、氮氧化物 25.59 吨，具有良好的节能效益、环境效益和社会效益。华夏银行天津分行密切与企业沟通，制定绿色金融综合服务方案，开辟绿色贷款审批通道，加快业务落地。除此之外，京津冀大气污染防治融资创新项目还为张家口光伏发电项目、黄华集团的风力发电项目等提供了融资服务。

3. 邮储银行：绿色金融助推京津冀产业升级

中国邮政储蓄银行北京分行立足首都，始终致力于服务京津冀协同发展战略，大力发展倡导绿色金融。邮政储蓄银行北京分行累计发放绿色信贷超过数百亿元，支持其参与京津冀地区的节能减排项目，助力了地方经济转型。

在产业发展方面，邮政储蓄银行北京分行与北京首都农业集团有限公司签署了战略合作协议，发展绿色农业，支持北京首农集团有限公司在津冀地区的生态旅游观光项目及绿色食品项目，助推有发展潜力的地区环绕式发展生态项目。

在生态环保方面，邮政储蓄银行北京分行与国网节能服务有限公司等行业内先进的节能环保技术公司合作，合计授信金额达百亿元，支持其参与京津冀地区的节能减排项目建设，为改善首都的生态环境做出积极贡献。

在国际合作方面，邮政储蓄银行北京分行为某企业向财政部开立等值约 36 亿元的国内保函，对亚洲开发银行向我国提供的专项主权贷款项下转贷款提供担保，该笔贷款用于京津冀大气污染防治基金项目投资，能带动总投资约 20 亿美元的京津冀大气污染防治项目。

二、长三角绿色金融协同现状

（一）政府政策层面

2021年11月，长三角示范区执委会印发了《长三角生态绿色一体化发展示范区绿色金融发展实施方案》（以下简称《实施方案》），提出要建立长三角生态绿色一体化发展示范区内跨区域绿色金融合作机制，并安排了相应任务。

首先，在绿色金融传统业务方面。一是大力发展绿色信贷，探索建立绿色银行、绿色企业、绿色项目评价标准和认证体系；探索建立统一的环境、社会和公司治理（ESG）标准；用好联合授信机制，优化授信审批流程，鼓励金融机构取消跨域收费。二是推动证券市场支持绿色投资。支持一体化示范区地方政府和大中型、中长期绿色项目投资运营企业发行绿色债券。支持绿色企业在多层次资本市场上市或挂牌。三是创新发展绿色保险。探索区域内共同投保绿色保险的创新模式，组织共保体制定共保工作机制和服务方案，落实"区内通赔"等制度，探索推进一体化示范区保险市场一体化。

其次，在绿色金融创新和特色业务方面。《实施方案》还提出要推动绿色金融与普惠金融、科创金融等融合发展，探索开发能效贷款、林权证抵押贷款、碳排放权质押贷款、能源未来收益权质押贷款等绿色金融产品，重点支持"三农"、小微企业绿色发展。在推动碳金融发展方面，《实施方案》提出，要支持发展碳基金、碳信托、上海碳配额远期等；并支持减排项目开展国家核证自愿减排量交易，鼓励环境收益再投资绿色环保项目；推动区内企业率先实现覆盖一体化示范区的绿色碳资产的产品交易和落地，促进区域的绿色金融标准优化完备。

最后，在绿色金融制度建设方面。示范区将支持各银行业金融机构设立绿色金融事业部或绿色分支机构；支持多层次资本市场为绿色生态廊道等绿色重点产业（项目）提供融资支持。示范区还将探索企业污染排放、环保合规性、资源利用、安全生产、节能减排等信息纳入全国信用信息共享平台，积极推动上市公司、金融机构、发债主体等企业开展环境、社会和公司治理信息披露。长三角一体化示范区还将在未来三年中引入联合国环境署绿色科创中心、联合国环境与可持续发展学院，打造世界级城市群高质量绿色发展的全新样本。

（二）金融机构层面

长三角一体化示范区由长三角地区各省市联合建立，用于带动整个长江经济带和华东地区发展，形成高质量发展的区域集群。截至2021年底，以"长三角一体化示范区"冠名的银行业分支机构达到了 13 家，在推动长三角地区绿色金融协同方面发挥重要作用。

邮政储蓄银行长三角一体化示范区支行 2022 年初凭借专业的服务及产品成功为上海一置业有限公司发放贷款 8 亿元，用于奉贤新城绿色项目建设，该项目按照绿色建筑二星级及以上标准设计及建设，实施装配式建筑比例 100%，为节能、节地等方面作出切实贡献。该行以金融活力赋能绿色建筑，加强绿色金融与绿色建筑发展的互动循环，为实现"双碳"目标注入金融动能。浦发银行长三角一体化示范区管理总部积极推进一体化绿色金融服务平台建设。该行将给予长三角地区重大绿色领域类项目绿色审批通道，提高审批效率；结合长三角一体化示范区绿色产业的区域及行业特点，继续给予固废处置、污水污泥处置、新能源汽车产业链等细分领域重点支持，扩大对一体化示范区绿色农业、污染防治、科技创新等领域企业的信贷投放。

三、粤港澳绿色金融协同现状

（一）政府政策层面

2020 年 4 月 24 日，中国人民银行、银保监会、证监会、外汇局联合发布了《关于金融支持粤港澳大湾区建设的意见》。该文件明确提出要推动粤港澳大湾区绿色金融合作。依托广州绿色金融改革创新试验区，建立完善粤港澳大湾区绿色金融合作工作机制。充分发挥广州碳排放交易所的平台功能，搭建粤港澳大湾区环境权益交易与金融服务平台。开展碳排放交易外汇试点，允许通过粤港澳大湾区内地碳排放权交易中心有限公司资格审查的境外投资者（境外机构及个人），以外汇或人民币参与粤港澳大湾区内地碳排放权交易。研究设立广州期货交易所。探索在粤港澳大湾区构建统一的绿色金融相关标准。鼓励更多粤港澳大湾区企业利用港澳平台为绿色项目融资及认证，支持广东地方法人金融机构在香港、澳门发行绿色金融债券及其他绿色金融产品，募集资金用于支持粤港澳大湾区绿色企业、项目。支持香港打造粤港澳大湾区绿色金融中心，建设国际认可的绿色债券认证机构。

（二）金融机构层面

2020 年 9 月，由广州、深圳、香港三地绿色金融协会和澳门银行公会共同发起的"粤港澳大湾区绿色金融联盟"正式成立，是全国首个区域性绿色金融联盟。成立该联盟的四个协会有几百个金融机构和绿色企业会员，联盟为这些成员提供了一个有效的资源交流平台。联盟自成立以来，大力支持大湾区绿色金融标准的制定和金融创新的发展，目前在推动各地绿色金融合作上取得了一定的成果。例如组建了碳市场、区块链支持绿色资产交易、金融支持绿色供应链、绿色建筑、固废处理 5 个项目工作组；推出了 7 个绿色金融项目及成果，有效推动了大湾区绿色金融产品和服务创新；参与了广深港澳四地 23 项绿色金融标准、倡议和本书制定工作，全力支持大湾区绿色金融政策的制定和实施；组织粤港澳会议 10 余次，举办各类绿色金融活动 20 余场，持续深化大湾区绿色金融合作交流。

2021 年 8 月 27 日，广期所与港交所签署谅解备忘录，在碳金融领域探索新的合作机会；2021 年 9 月 14 日，广州地铁集团有限公司在香港成功发行 2 亿美元的 5 年期境外绿色债券，发行利率为 1.579%，创 2021 年地方国企同期利率最低；广州地区企业赴港澳成功发行境外绿色债券，香港品质保证局等专业机构被纳入了广州试验区绿色企业和项目认证机构名单。

2022 年 8 月 10 日，广州市南沙区获批国家首批气候投融资试点资格。2022 年 6 月，《广州南沙深化面向世界的粤港澳全面合作总体方案》出台，南沙已经建立了粤港澳常态化气候投融资合作机制。依托广州南沙粤港合作咨询委员会，与港澳相关职能部门、专家共建粤港澳三地绿色金融合作事项清单，与香港品质保证局签订战略合作协议，共同打造适用于南沙的"绿色金融认证计划"和"减碳认证"，推动大湾区绿色金融标准互认。

第五节　京津冀绿色金融协同发展的制约因素

京津冀绿色金融协同虽然取得了一定进展，但是目前整体的协同程度还很低。北京绿色金融发展水平最高，存在"资金等项目"的情况，天津、河北的绿色金融发展水平相对滞后，特别是河北存在"项目等资金"的情况。制约京津冀绿色金融协同发展的障碍因素主要包括以下几个方面：

第一，制度因素。行政区划会对绿色金融资源流动造成壁垒。对于地方政府而言，首先是发展本地经济，此外还有政绩考核的原因，导致地方政府间的竞争大于合作。地方政府会避免本地金融资源流向其他区域，加之我国政府对金融机构的决策也有一定控制力，最终可能导致不同区域绿色资金和绿色项目不能跨区匹配。对于监管部门而言，京津冀绿色金融协同必然会导致金融资源的跨区流动和金融业务的跨区经营，这对三地金融监管协同也提出了更高要求，目前京津冀在监管标准、风险处置等方面的协同性还不够。对于金融机构而言，其中全国性金融机构，在不同地区有分支机构，一般都是独立经营，各自为政，缺乏总行层面的绿色金融协同机制。而区域性金融机构由于跨区经营政策的限制，更难参与跨区的绿色金融资源配置。

第二，经济因素。一是在成本方面，绿色金融协同发展过程中需要投入成本建立协同制度和体系，也会产生相应的协调和业务成本，并且由于绿色金融相对来说是一项较新的业务，面对的很多是新兴的节能环保产业，那么产生的运作成本会更高。二是在风险方面，绿色金融作为一项金融业务会面对信用风险、流动性风险、市场风险等常规的金融风险，除此之外，绿色金融业务还有更明显的环境风险，如项目"漂绿"或排放效果不达标等。而在绿色金融协同过程中，由于距离等因素造成信息不对称加剧，会增加各类风险。三是在收益方面，大部分金融机构作为商业机构，是利益驱动的。绿色金融协同过程中需要进行合理的利益分配，但是绿色金融由于正外部性、政策优惠等原因，目前收益并不高，各利益相关方可能开展协同的经济动力不强。此外，绿色金融服务新兴产业，收益前景存在较大不确定性。总之，京津冀绿色金融协同中，各参与方需要进行成本分摊、风险共担、利益共享，但由于业务成本高、风险可能加大、收益较低且不明朗等因素，实现多方共赢存在较大难度。

第三，技术因素。依靠完善的金融基础设施实现地区间金融业务的互联互通是金融协同的重要条件。目前京津冀三地保障金融协同的金融基础设施还有待加强，很多异地业务还无法实现同城化。此外，京津冀三地的绿色标准还有待统一，包括绿色项目的标准以及绿色金融业务的标准。最后，绿色金融协同需要不同地区开展信息共享，除企业的一般财务信息、征信信息外，还特别需要环境信息，京津冀三地环保等信息的共享机制还需要完善。

第六章 绿色金融协同对绿色经济效率的影响效应研究

第一节 绿色经济效率的重要意义

自改革开放以来，中国经济实力显著提升，人民生活水平大大提高，随着中国发展步入新时代，社会的主要矛盾已经转化为人民日益增长的美好生活需要和不平衡不充分的发展之间的矛盾。党的十九大报告提出，我国经济已由高速增长阶段转向高质量发展阶段并把"美丽"二字写入社会主义现代化强国的目标，把推进绿色发展、加快生态文明体制改革作为专门章节来加以部署，还提出要形成绿色发展方式和生活方式，坚定走生产发展、生活富裕、生态良好的文明发展道路，建设美丽中国，为人民创造良好生产生活环境，为全球生态安全做出贡献。

在此背景下，发展绿色经济、推动实现发展与环保协同共进是中国经济发展的必然选择。发展绿色经济是一种新型的发展模式，它基于资源承载力的制约，把环境保护作为通往可持续发展道路的重要支持。大力发展绿色经济、提高经济方面的绿色发展效率，是我们的必然选择。因此，对于中国而言，如何提升绿色经济效率，促进绿色增长，实现中国经济的高质量发展，是亟待解决的关键问题。绿色金融为节能环保、污染防治提供资金支持，是推动绿色经济发展的重要抓手。因此，本章主要研究内容：第一，绿色金融是否促进了绿色经济效率的提高？第二，绿色金融对绿色经济效应的影响是否具有外溢效应？如果两个问题的答案均为是，那么就为大力发展绿色金融、推进绿色金融协同发展提供了支持证据。

第二节　中国区域绿色经济效率测度和分析

一、绿色经济效率的内涵

绿色经济效率是一种考虑了环境因素的全要素生产效率，也称为绿色全要素生产效率或绿色效率。绿色经济效率包括三方面内容：第一，绿色经济效率终归是评估某区域经济效率的量，是投入诸要素的利用效率，即获得期望产出的能力；第二，绿色经济效率源于经济效率，却又高于经济效率，需综合考虑资源、环境投入与非期望产出；第三，绿色经济效率获得的终极目标是人类的发展，体现为人类福祉与社会公平等。

绿色经济效率旨在追求人与自然和谐、经济增长与环境保护融合、经济效益、社会效益及生态效益最大化的社会发展方式。经济绿色发展即"绿色+发展"，绿色经济效率是考虑资源消耗和环境污染的经济效率。绿色经济效率全面考虑了经济活动的能源消耗和环境污染代价，与新时代中国正在深入推进的绿色转型发展的内在要求契合。

二、基于 NDDF 的测度方法

绿色经济效率本身不可以直接观测，需要借助数学规划方法予以测度。节能减排是推动经济绿色转型的重要抓手（魏楚等，2010；陈诗一，2012），提高能源环境绩效对推动绿色经济效率提升至关重要（景维民和张璐，2014；王兵和刘光天，2015）。既有文献在测度绿色经济效率时的出发点大都是度量能源环境绩效。

研究方法上，能源环境绩效的度量方法大体可分为两类：单要素指标和全要素指标。在能源效率方面，单要素能源效率指标是能源投入与产出之间的简单比例关系。相比之下，全要素能源效率指标将资本和劳动也纳入效率分析，考虑了能源与其他生产要素之间的替代效应[1]。具体而言，全要素能源效率指

---

[1]　其基本思路如下：首先，对生产可能集（生产技术）进行定义；其次，利用单个生成单位的投入产出数据构造前沿生产边界；最后，分析单个生产单位与前沿生产边界之间的关系，如果偏离前沿生产边界，则意味着该生产单位的资源没得到充分使用。

标可以定义为最优能源投入（理论上最少的能源投入）与实际能源投入之比[①]。在环境效率方面，单要素环境效率为环境污染排放量与某一经济变量之间的比例，未能考虑投入指标在生产过程中的作用，不能反映、评价决策单元实际污染排放量与其潜在最小排放量之间的差距。鉴于环境污染物通常是要素投入在生产期望产出时伴随的副产品（通常为非期望产出），许多研究更为恰当地刻画实际生产过程，开始在包含投入要素、期望产出和非期望产出的全要素生产框架下测度环境效率。与全要素能源效率的定义类似，全要素环境效率可以定义为最优排放量（实际实现最优生产时的排放量）与实际污染排放量指标。

在测度全要素能源环境效率指标时，多数研究建立在数据包络分析（DEA）方法之上。DEA 方法能够处理"多投入—多产出"的情形，其关键在于如何衡量各个决策单位与生产前沿边界的关系。传统的 DEA 技术一般采用谢泼德距离函数（Shephard Distance Function，SDF），SDF 假设期望产出和非期望产出按同比例扩大或者缩减。然而，我们希望在节约资源的同时，尽可能增加期望产出并减少非期望产出。Chung 等（1997）提出的方向距离函数（Directional Distance Function，DDF）弥补了 SDF 的不足。DDF 模型假设期望产出的扩张以及投入要素和非期望产出的缩减是严格等比例的（Fukuyama 和 Weber，2009）。Zhou 等（2012）进一步提出非径向方向距离函数（Non-Radial Directional Distance Function，NDDF），允许两类产出的增减比例不一致。

本章借鉴 Zhou 等（2012）、Zhang 等（2013）的研究，采用 NDDF 方法测度绿色经济效率。假设存在 $i=1, 2, \cdots, N$ 个地区作为基本决策单元（Decision-Making Unit，DMU），一共有 $t=1, 2, \cdots, T$ 期，每个决策单元使用投入向量 $x \in R_+^M$ 来联合生产期望产出向量 $y \in R_+^P$ 和非期望产出向量 $b \in R_+^Q$。其中，M、P 和 Q 分别表示投入、期望产出和非期望产出的种类。这种"多投入多产出"的生产技术可以表示为：

$$P = [(x, y, b)：x 可以生产(y, b)] \tag{6-1}$$

Chung 等（1997）的研究认为，生产可行集是一个有界集和闭集，且投入和产出具有强可处置性。为了使 P 能够表示环节生产技术，还需要增加弱可处置性

---

① 全要素能源效率指标实质上属于技术效率的范畴，其与单要素能源效率指标的最大不同之处在于，后者分析的是能源与 GDP 之间的投入产出关系，而前者讨论的是能源作为投入效率的利用效率。

和零结合性两个额外的条件。其中，弱可处置性条件为：若（x，y，b）∈P 和 $0 \leqslant \theta \leqslant 1$，则（x，θy，θb）∈P。弱可处置性条件意味着，在生产过程中减少非期望产出是有成本的，会占用生产期望产出的投入，从而减少期望产出。零结合性条件为：若（x，y，b）∈P 和 b=0，则 y=0。这一条件意味着，在生成过程中无法避免非期望产出的生产，消除所有非期望产出的唯一方法就是停止生产。

投入要素 X 包含资本（K）、劳动（L）和能源（E），期望产出 y 采用 GDP 进行度量，非期望产出 b 包括二氧化硫（S）和二氧化碳（C）。本章的基准模型采用全局生产技术进行设定，即采用研究期内的所有样本点构建生产前沿面，相应的生产函数设定如下：

$$P = \left\{ \begin{array}{l} (K, \ L, \ E, \ Y, \ S, \ C) : \\[2mm] \displaystyle\sum_{t=1}^{T}\sum_{i=1}^{N}\lambda_{it}K_{it} \leqslant K, \quad \sum_{t=1}^{T}\sum_{i=1}^{N}\lambda_{it}L_{it} \leqslant L \\[4mm] \displaystyle\sum_{t=1}^{T}\sum_{i=1}^{N}\lambda_{it}E_{it} \leqslant E, \quad \sum_{t=1}^{T}\sum_{i=1}^{N}\lambda_{it}Y_{it} \geqslant Y \\[4mm] \displaystyle\sum_{t=1}^{T}\sum_{i=1}^{N}\lambda_{it}S_{it} = S, \quad \sum_{t=1}^{T}\sum_{i=1}^{N}\lambda_{it}C_{it} = C, \quad \lambda_{it} \geqslant 0 \end{array} \right\} \tag{6-2}$$

借鉴 Zhou 等（2012）的研究，非径向方向距离函数 NDDF 设定如下：

$$\overrightarrow{ND}(K, \ L, \ E, \ Y, \ S, \ C; \ g) = \sup\{w^{T}\beta : ((K, \ L, \ E, \ Y, \ S, \ C) + g \cdot \text{diag}(\beta)) \in P\} \tag{6-3}$$

其中，$\beta = (\beta_K, \ \beta_L, \ \beta_E, \ \beta_Y, \ \beta_S, \ \beta_C)^{T} \geqslant 0$ 表示各投入产出变量可以扩张和缩减的比例，向量 β 的不同元素可以有不同的数值。$w^{T} = (w_K, \ w_L, \ w_E, \ w_Y, \ w_S, \ w_C)$ 表示在能源环境绩效评价中各投入产出变量的权重。$g = (g_K, \ g_L, \ g_E, \ g_Y, \ g_S, \ g_C)$ 表示方向向量，表征期望产出扩张以及投入和非期望产出缩减的方向。符号 diag（·）对向量 β 进行对角化处理。

进一步地，基于 NDDF，将所有投入和产出都纳入目标函数和约束条件，则上述距离函数可以通过如下线性优化过程求解：

$$\overrightarrow{ND}(K, \ L, \ E, \ Y, \ S, \ C) = \max(w_k\beta_K + w_L\beta_L + w_E\beta_E + w_Y\beta_Y + w_S\beta_S + w_C\beta_C)$$

$$\text{s. t.} \begin{cases} \sum\limits_{t=1}^{T} \sum\limits_{i=1}^{N} \lambda_{it} K_{it} \leqslant K - \beta_K g_K \\[2mm] \sum\limits_{t=1}^{T} \sum\limits_{i=1}^{N} \lambda_{it} L_{it} \leqslant L - \beta_L g_L \\[2mm] \sum\limits_{t=1}^{T} \sum\limits_{i=1}^{N} \lambda_{it} E_{it} \leqslant E - \beta_E g_E \\[2mm] \sum\limits_{t=1}^{T} \sum\limits_{i=1}^{N} \lambda_{it} Y_{it} \geqslant Y + \beta_Y g_Y \\[2mm] \sum\limits_{t=1}^{T} \sum\limits_{i=1}^{N} \lambda_{it} S_{it} = S - \beta_S g_S \\[2mm] \sum\limits_{t=1}^{T} \sum\limits_{i=1}^{N} \lambda_{it} C_{it} = C - \beta_C g_C \end{cases} \tag{6-4}$$

$t=1, 2, \cdots, T; i=1, 2, \cdots, N; \lambda_{it}, \beta_K, \beta_L, \beta_E, \beta_Y, \beta_S, \beta_C \geqslant 0$

其经济内涵是在资本和劳动投入既定的情况下，实现期望产出的最大化以及能源投入和污染物排放最小化，而最大及最小目标的相对重要性通过权重向量 w 予以刻画（Lin 和 Du，2015）。借鉴林伯强和杜克锐（2013）的研究，本章基于不同的权重设置，分别构建了综合效率指标（Unified Efficiency Index，UEI）和净能源—环境效率指标（Energy-Environment Performance Index，EEI）。

综合效率指标 UEI 反映了包括资本和劳动的各种要素的平均效率。设定权重向量 w 为（1/9，1/9，1/9，1/3，1/6，1/6），方向向量 g 为（-K，-L，-E，Y，-S，-C）。原因如下：在没有其他先验信息的前提下，在全要素指标的构建中，将各种投入产出要素进行均等对待是比较合理的做法。进一步地，投入又分为资本、劳动和能源三种，故三者各自的权重均为 1/9；非合意产出包括二氧化硫和二氧化碳两种，故二者各自的权重均为 1/6。通过求解式（6-4）的线性规划问题得到 $\boldsymbol{\beta}^* = (\beta_K^*, \beta_L^*, \beta_E^*, \beta_Y^*, \beta_S^*, \beta_C^*)^T$。对于地区 i 在 t 年的生产情况，各投入产出的目标值为 $[(1-\beta_{K,it}^*) K_{it}, (1-\beta_{L,it}^*) L_{it}, (1-\beta_{E,it}^*) E_{it}, (1+\beta_{Y,it}^*) Y_{it}, (1-\beta_{S,it}^*) S_{it}, (1-\beta_{C,it}^*) C_{it}]$。若 $\beta_{F,it}^* = 0 (F = K, L, E, Y, S, C)$，则该决策单元在该种投入（或产出）上已经实现了最优。对于投入要素 X 而言，本章定义其投入效率为目标投入强度与实际投入强度的比值，即 $XP_{it} = \dfrac{(1-\beta_{X,it}^*) X_{it}}{(1+\beta_{Y,it}^*) Y_{it}} \div \dfrac{X_{it}}{Y_{it}} = \dfrac{1-\beta_{X,it}^*}{1+\beta_{Y,it}^*} (X = K, L, E)$。对于非合意产出 b，本章定义其产出（排放）效率为潜在

排放强度与实际排放强度之比，即 $BP_{it}=\dfrac{(1-\beta^{*}_{B,it})B_{it}}{(1+\beta^{*}_{Y,it})Y_{it}}\div\dfrac{B_{it}}{Y_{it}}=\dfrac{1-\beta^{*}_{B,it}}{1+\beta^{*}_{Y,it}}$（X = S，C）。综合效率指数 UEI 被定义为上述各要素效率的平均值：

$$UEI_{it}=\frac{KP_{it}+LP_{it}+EP_{it}+SP_{it}+CP_{it}}{5}$$

$$=\frac{1/5\left[(1-\beta^{*}_{K,it})+(1-\beta^{*}_{L,it})+(1-\beta^{*}_{E,it})+(1-\beta^{*}_{S,it})+(1-\beta^{*}_{C,it})\right]}{1+\beta^{*}_{Y,it}}\quad(6-5)$$

综合效率指标 UEI 综合考虑了资本、劳动和能源三种投入变量，但如果我们特别关注的是能源环境绩效，那么资本和劳动投入可缩减的程度就不应被过度纳入考虑范围。一方面，资本和劳动并不是直接产生二氧化硫排放和碳排放；另一方面，由于投入要素间存在可替代性，如果不将资本和劳动的无效率分离出来，现实经济中能源浪费的程度和污染物可减排的空间便无法获知（林伯强和杜克锐，2013）。此时应考虑在资本和劳动投入保持不变的情况下，能源投入和非合意产出最大可缩减的比例以及合意产出最大可扩大的比例。因此，在构建能源环境绩效指标时，资本和劳动则不纳入考虑范围，赋予权重 0。相应的权重向量 w 为（0，0，1/3，1/3，1/6，1/6），方向向量 g 为（0，0，-E，Y，-S，-C）。我们将资本和劳动从目标函数和约束条件中移除，则用于刻画能源环境绩效的 NDDF 值可通过求解如下线性规划问题获得：

$$\overrightarrow{ND}(K，L，E，Y，S，C)=\max(w_{E}\beta_{E}+w_{Y}\beta_{Y}+w_{S}\beta_{S}+w_{C}\beta_{C})$$

$$s.t.\begin{cases}\sum\limits_{t=1}^{T}\sum\limits_{i=1}^{N}\lambda_{it}K_{it}\leqslant K\\[2mm]\sum\limits_{t=1}^{T}\sum\limits_{i=1}^{N}\lambda_{it}L_{it}\leqslant L\\[2mm]\sum\limits_{t=1}^{T}\sum\limits_{i=1}^{N}\lambda_{it}E_{it}\leqslant E-\beta_{E}g_{E}\\[2mm]\sum\limits_{t=1}^{T}\sum\limits_{i=1}^{N}\lambda_{it}Y_{it}\geqslant Y+\beta_{Y}g_{Y}\\[2mm]\sum\limits_{t=1}^{T}\sum\limits_{i=1}^{N}\lambda_{it}S_{it}=S-\beta_{S}g_{S}\\[2mm]\sum\limits_{t=1}^{T}\sum\limits_{i=1}^{N}\lambda_{it}C_{it}=C-\beta_{C}g_{C}\end{cases}$$

$$t=1,\ 2,\ \cdots,\ T;\ i=1,\ 2,\ \cdots,\ N;\ \lambda_{it},\ \beta_E,\ \beta_Y,\ \beta_S,\ \beta_C \geqslant 0 \qquad (6\text{-}6)$$

通过求解式（6-6）的线性规划问题得到 $\beta^* = (\beta_E^*,\ \beta_Y^*,\ \beta_S^*,\ \beta_C^*)^T$。对能源效率和环境效率赋予同等权重（1/2），相应的能源环境绩效计算公式如下：

$$\begin{aligned} \text{EEI}_{it} &= \frac{1}{2}\frac{1-\beta_{E,it}^*}{1+\beta_{Y,it}^*}+\frac{1}{2}\left[\frac{1}{2}\frac{(1-\beta_{S,it}^*)+(1-\beta_{C,it}^*)}{1+\beta_{Y,it}^*}\right] \\ &= \frac{1/2(1-\beta_{E,it}^*)+1/4\left[(1-\beta_{S,it}^*)+(1-\beta_{C,it}^*)\right]}{1+\beta_{Y,it}^*} \end{aligned} \qquad (6\text{-}7)$$

最后，需要说明的是，生产函数设定均在规模报酬不变（CRS）假设下进行，如果设定为规模报酬可变（VRS），需要对所有生产函数添加 $\sum\limits_{i=1}^{N}\lambda_{it}=1$ 这一约束，从而得到 VRS 下的各效率指标。不过，既有文献在测度绿色经济效率时，较少基于 VRS 分析，因此我们也将重点分析 CRS 下的各效率指标。

三、投入产出变量及数据说明

本章采用 2010~2020 年中国 30 个省份（不含港澳台和西藏）的数据测度绿色经济效率。各变量说明如下：

（1）资本投入 K。

资本存量根据永续盘存法估算而得，初始资本存量及固定资产折旧率均参考单豪杰（2008）的处理方式进行计算和设定，并将资本存量平减为 2000 年不变价格的可比序列。具体而言，对于基期资本存量 K_1，使用了 1953 年固定资本形成总额除以折旧率 δ 与 1953~1957 年固定资本形成总额的平均增长率之和 g，公式为 $K_1 = I_2/(g+\delta)$；折旧率 δ 为 10.96%。需要说明的是，计算固定资本存量的原始数据（用作投资指标），即各省的"固定资本形成总额"一直以来都是来自《中国统计年鉴》，然而，在 2019 年和 2020 年的大多数年鉴都没有找到该指标。因此，我们不得不使用《中国统计年鉴》里的"10-5 分地区按领域分固定资产投资（不含农户）比上年增长情况"计算投资数据。

（2）劳动投入 L。

劳动投入为各地区从业人数（万人），来源于 Wind 宏观数据库。

（3）能源投入（能源消费）E。

以能源消费量（万吨标准煤）度量，数据来自 EPS 中国能源数据库。

（4）期望产出 Y。

各地区年度 GDP（亿元）被平减为 2000 年不变价格的可比序列。

（5）非期望产出。

二氧化硫排放 S（万吨），来自 EPS 中国环境数据库。

（6）非期望产出碳排放（万吨二氧化碳）。

来自中国碳核算数据库（CEADs）。2020 年数据未获取，采用线性外推法填补。

四、地区绿色经济效率的描述

（一）绿色经济效率的空间分布

北京、江苏、浙江、上海、重庆、福建、广东等大部分东部地区绿色经济效率较高，而吉林、内蒙古、河北、山西、宁夏、青海、贵州等部分中西部和东北地区绿色经济效率较低。

图 6-1 和图 6-2 清晰地展示了不同地区绿色经济效率的差异：上海、广东、北京位于前三名，紧随其后的是福建、浙江、江苏、重庆。排名倒数的地区则是宁夏、青海、山西、新疆、河北。

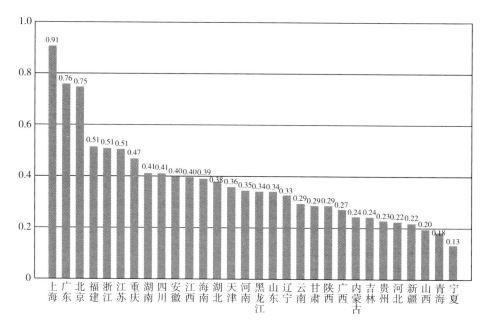

图 6-1　综合效率指标分地区历年均值

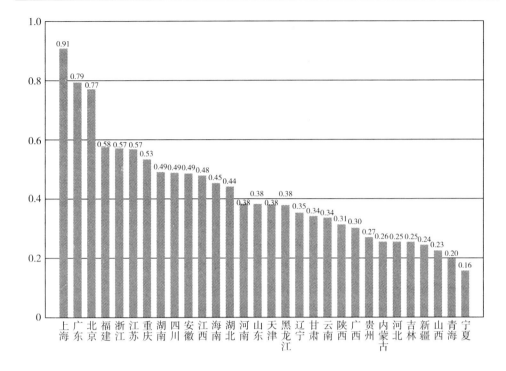

图6-2　环境能源效率指标分地区历年均值

（二）绿色经济效率的时间演变

图6-3和图6-4展示了综合效率和环境能源效率的时间变化趋势，总体而言，绿色经济效率呈不断上升趋势，综合效率从2010年的0.341增加至2020年的0.428，环境能源效率从2010年的0.399增加至2020年的0.458。不过，在整体上升的过程中，需要注意到不同省份之间绿色经济效率的巨大差异性。图6-5和图6-6以箱线图的形式展示了每年各地区综合效率和环境能源效率的分布情况，可见广东、上海、北京的绿色经济效率明显高于其他地区，成为箱线图中的"极端值"。

（三）京津冀地区绿色经济效率分析

图6-7和图6-8为京津冀三地综合效率和环境能源效率的变化趋势。一方面，北京、天津、河北的绿色经济效率呈现上升趋势，其中北京增长更快。另一方面，京津冀三地绿色经济效率存在较大差异，呈现出"北京>天津>河北"的特点。其中北京的绿色经济效率明显高于天津和河北地区。结合图6-1和图6-2发现，北京的绿色综合效率和能源环境效率均排第3位，名列前茅；天津的绿色

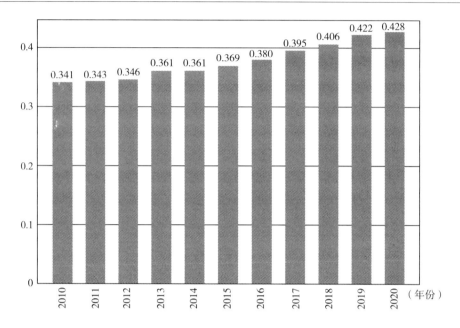

图 6-3 综合效率指标时间趋势

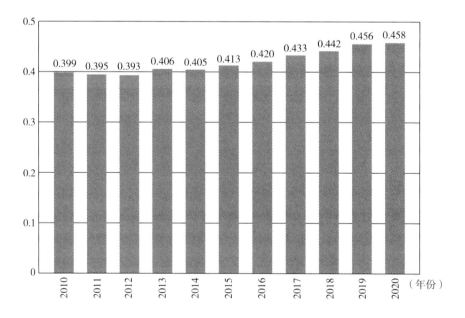

图 6-4 环境能源效率指标时间趋势

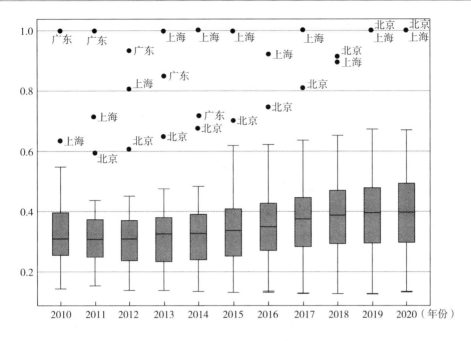

图 6-5　综合效率指标箱线图

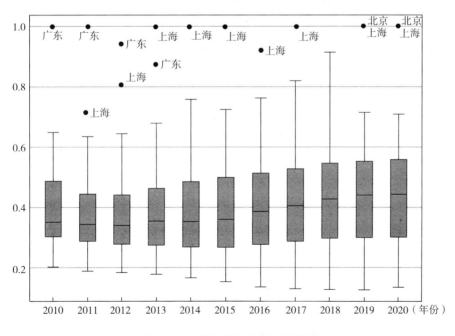

图 6-6　环境能源效率指标箱线图

综合效率和能源环境效率分别排第 14 位和第 16 位，水平居中；河北的绿色综合效率和能源环境效率分别排第 26 位和第 25 位，较为落后。

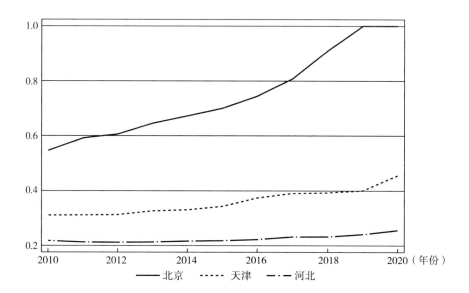

图 6-7　京津冀综合效率指标时间趋势

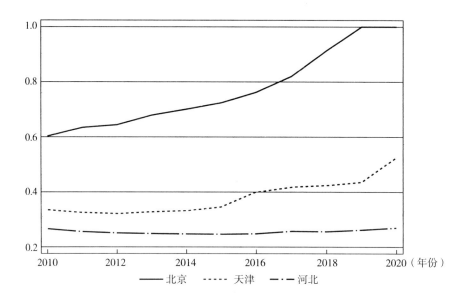

图 6-8　京津冀环境能源效率指标时间趋势

五、绿色经济效率的空间相关性分析

（一）直线距离空间权重矩阵（W1）下的莫兰散点图

图 6-9 和图 6-10 展示了 2010 年、2015 年、2018 年和 2020 年 4 个代表性年度内各地区综合效率和环境能源效率的莫兰散点图。各年度莫兰指数 I 数值均为正，说明基于直接距离的空间权重矩阵下，各地区绿色经济效率具有正的空间自相关。

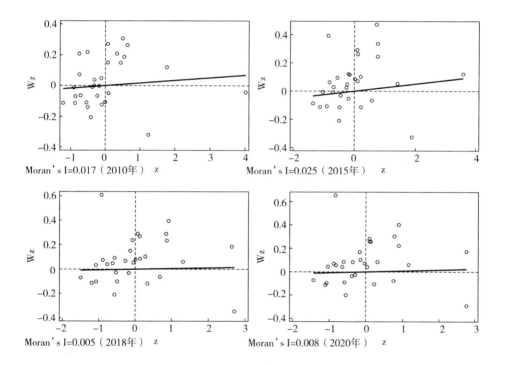

图 6-9　UEI 的 Moran 散点图（直线距离空间权重矩阵）

（二）交通距离空间权重矩阵（W2）下的莫兰散点图

图 6-11 和图 6-12 展示了 2010 年、2015 年、2018 年和 2020 年 4 个代表性年度内各地区综合效率和环境能源效率的莫兰散点图。各年度莫兰指数 I 数值均为正，说明各地区绿色经济效率具有正的空间自相关。并且基于交通距离空间权重矩阵的莫兰指数大于基于直接距离的空间权重矩阵下的莫兰指数。

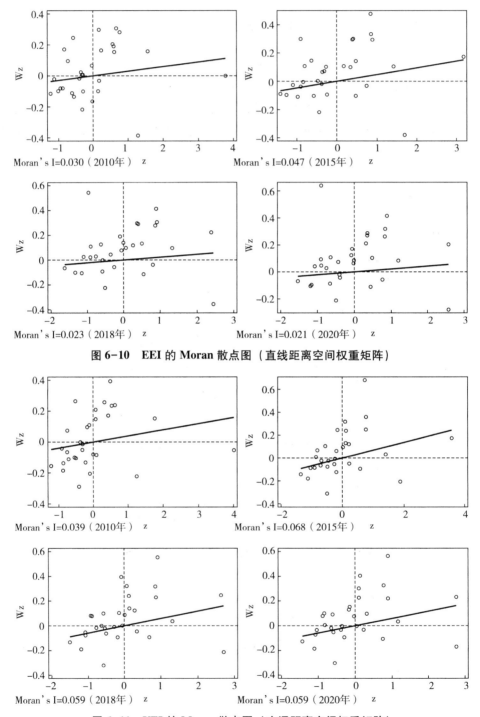

图 6-10　EEI 的 Moran 散点图（直线距离空间权重矩阵）

图 6-11　UEI 的 Moran 散点图（交通距离空间权重矩阵）

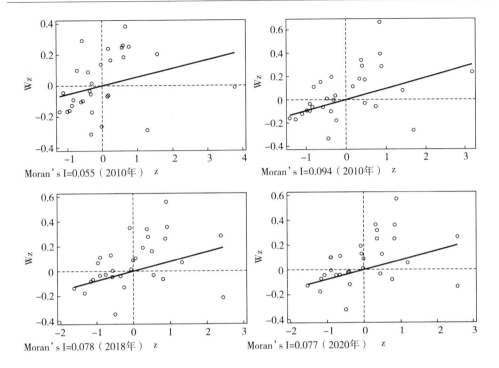

图 6-12　EEI 的 Moran 散点图（交通距离空间权重矩阵）

（三）经济距离空间权重矩阵（W3）下的莫兰散点图

图 6-13 和图 6-14 展示了 2010 年、2015 年、2018 年和 2020 年 4 个代表性年度内各地区综合效率和环境能源效率的莫兰散点图。各年度莫兰指数 I 数值均为正，说明各地区绿色经济效率具有正的空间自相关。并且基于经济距离空间权重矩阵的莫兰指数相比基于直接距离和交通距离的空间权重矩阵下的莫兰指数有了明显提升。

（四）直线距离和经济距离复合型空间权重矩阵（W4）下的莫兰散点图

图 6-15 和图 6-16 展示了 2010 年、2015 年、2018 年和 2020 年 4 个代表性年度内各地区综合效率和环境能源效率的莫兰散点图。各年度莫兰指数 I 数值均为正，说明各地区绿色经济效率具有正的空间自相关。基于直线距离和经济距离复合型空间权重矩阵的莫兰指数也较高。

（五）交通距离和经济距离复合型空间权重矩阵（W5）下的莫兰散点图

图 6-17 和图 6-18 展示了 2010 年、2015 年、2018 年和 2020 年 4 个代表性年度内各地区综合效率和环境能源效率的莫兰散点图。各年度莫兰指数 I 数值均

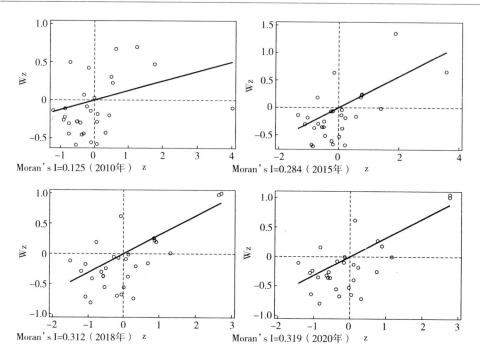

图 6-13　UEI 的 Moran 散点图（经济距离空间权重矩阵）

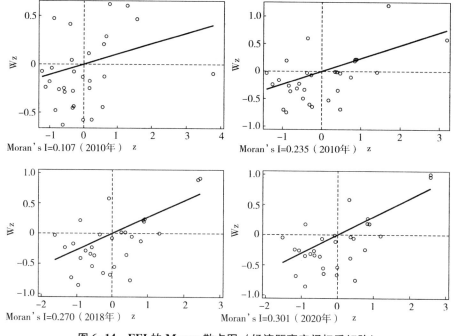

图 6-14　EEI 的 Moran 散点图（经济距离空间权重矩阵）

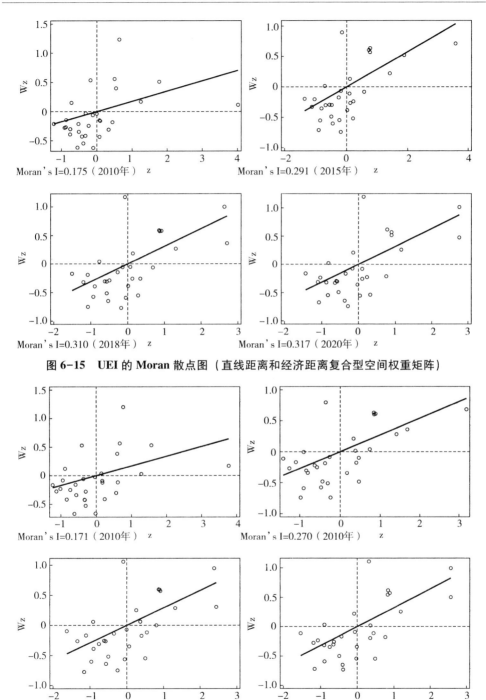

图 6-15 UEI 的 Moran 散点图（直线距离和经济距离复合型空间权重矩阵）

图 6-16 EEI 的 Moran 散点图（直线距离和经济距离复合型空间权重矩阵）

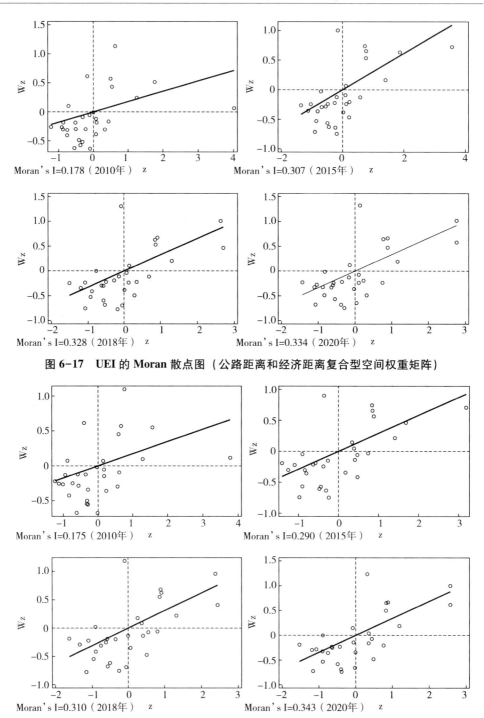

图 6-17　UEI 的 Moran 散点图（公路距离和经济距离复合型空间权重矩阵）

图 6-18　EEI 的 Moran 散点图（公路距离和经济距离复合型空间权重矩阵）

为正，说明各地区绿色经济效率具有正的空间自相关。与前述基于其他类型距离空间权重矩阵的莫兰指数相比，基于交通距离和经济距离复合型空间权重矩阵的莫兰指数最大。

第三节　绿色金融影响绿色经济效率的空间计量模型

一、计量模型构建

前文分析表明，我国各地区绿色金融发展水平和绿色经济效率具有明显的空间溢出效应。因此，在考察绿色金融发展水平对绿色经济效率的影响时，有必要对其可能存在的空间关联性进行控制。

（一）选择空间权重矩阵

根据前述对不同空间权重矩阵下绿色金融发展和绿色经济效率空间相关性的分析，本节主要采用如下三类空间权重矩阵：①基于交通距离的空间权重矩阵W1；②基于经济距离的空间权重矩阵W2；③同时考虑交通距离和经济距离的组合空间权重矩阵W3。

（二）空间自相关检验

前文分析中，我们基于不同空间权重矩阵，使用莫兰指数考察了绿色经济效率和绿色金融发展的空间自相关，发现两者均具有较强的空间自相关关系，从而为我们使用空间计量模型考察两者关系提供了初步支持。

（三）选择空间计量模型

空间杜宾模型（SDM）同时包含因变量和自变量的空间滞后算子，可以同时分析因变量和自变量在一个地区的空间溢出效应①。本书初步选择其为实证分析的基本模型。

---

① 比空间杜宾模型更具一般性的模型是广义空间嵌套模型（GNSM），这类模型同时考虑与自变量、因变量和扰动项有关的空间溢出效应，但是其参数估计难以获得有意义的解释，此时的最佳选择是排除与干扰项相关的空间溢出效应，即选用空间杜宾模型（SDM）。

$$GE_{it} = \alpha_0 + \rho \sum_j w_{ij}GE_{jt} + \beta_1 GF_{it} + \beta_2 X_{it} + \delta_1 \sum_j w_{ij}GF_{jt} + \delta_2 \sum_j w_{ij}X_{jt} + \varepsilon_{it}$$

$$(6-8)$$

其中，i、j 对应各地区编码，i（j）= 1，2，…，30；t 表示年份，t = 2010，2011，…，2020。w_{ij} 为空间权重矩阵 W 中的元素。被解释变量 GE 代表绿色经济效率，解释变量 GF 为绿色金融发展水平，X 是其他控制变量集合，ε 为随机扰动项。变量说明被解释变量 GE 代表绿色经济效率，包括综合效率指数 UEI 和资源环境效率 EEI。具体构造方式见上文。解释变量 GF 为绿色金融发展水平，具体构造方式见本书第五章。控制变量 X 包括：①经济发展水平（PGDP），以各地区人均 GDP 衡量（以 2000 年为基期）。②产业结构（IS）。参考邵帅等（2022）的研究，以第二产业与第三产业增加值之比衡量。③城市化水平（UR），以城镇人口比重衡量。④人口年龄结构（DR），以总抚养比衡量。⑤所有制结构（SR），以国有企业年末从业人员数占全部从业人员数之比衡量。⑥财政支出（GC），以一般预算支出占 GDP 比重衡量。⑦对外贸易（TRADE），为进出口总额占地区 GDP 之比。

二、样本选择和数据来源

与前述测算绿色金融发展水平和绿色经济效率时用到的样本一致，此处样本包含了 2010~2020 年除中国香港、中国澳门、中国台湾地区和数据缺失较多的西藏自治区之外的大陆 30 个省份的面板数据。各变量数据来源于《中国统计年鉴》《中国能源统计年鉴》《新中国 60 年统计资料汇编》《中国环境年鉴》《中国价格统计年鉴》，以及各省份统计年鉴、国家统计局网站和国家知识产权局网站。

三、描述性统计

表 6-1 为各变量的描述性统计结果，综合效率和环境能源效率的均值分别为 0.377 和 0.420，各地区环境能源效率平均而言略高于综合效率。绿色发展指数的均值为 0.140，最小值为 0.005，最大值为 0.900，绿色发展水平存在明显差异。人均 GDP 的最小值为 1.312，最大值为 16.489，标准差为 2.734，经济发展水平存在区域不平衡。第二产业与第三产业增加值之比的均值为 1.008，第三产业发达地区 IS 值可达到 0.188，第二产业发达地区 IS 值可达到 2.003。城镇人口平均比重为 0.584，城市化水平较高地区 UR 达 0.896。国有企业年末从业人员数占全部从业人员数之比 SR 均值为 0.030，最高达 0.145，从侧面说明私营经济吸

收了绝大部分就业人口，对稳定就业具有重要意义。财政支出 GC 的均值为 0.248，不过也有地区一般预算支出占 GDP 的比重较高，达 0.643。进出口总额占地区 GDP 之比 TRADE 的均值为 0.271，对外贸易在拉动我国经济增长中发挥重要作用。

表 6-1 描述性统计

变量	观测值	均值	标准差	最小值	中位数	最大值
UEI	330	0.377	0.183	0.126	0.341	1.000
EEI	330	0.420	0.185	0.126	0.374	1.000
GF	330	0.140	0.146	0.005	0.083	0.900
PGDP	330	5.436	2.734	1.312	4.736	16.489
IS	330	1.008	0.355	0.188	0.991	2.003
UR	330	0.584	0.125	0.338	0.568	0.896
DR	330	0.367	0.068	0.193	0.369	0.511
SR	330	0.030	0.025	0.007	0.021	0.145
GC	330	0.248	0.104	0.106	0.225	0.643
TRADE	330	0.271	0.306	0.008	0.139	1.548

表 6-2 为各变量的相关系数表，其中综合效率指数（UEI）、资源环境效率（EEI）与绿色发展指数（GF）的相关系数均在 1% 水平上显著为正，表明绿色经济效率和绿色发展水平存在正相关关系。

表 6-2 相关系数

	UEI	EEI	GF	GDP	IS	UR	DR	SR	GC	TRADE
UEI	1	0.99***	0.55***	0.59***	−0.37***	0.56***	−0.10*	0.02	−0.55***	0.73***
EEI	0.99***	1	0.50***	0.51***	−0.33***	0.49***	−0.08	0.02	−0.53***	0.71***
GF	0.57***	0.56***	1	0.61***	−0.56***	0.53***	0.14**	−0.12**	−0.17***	0.32***
GDP	0.71***	0.66***	0.65***	1	−0.41***	0.91***	−0.34***	0.16***	−0.50***	0.56***

续表

	UEI	EEI	GF	GDP	IS	UR	DR	SR	GC	TRADE
IS	−0.46***	−0.42***	−0.49***	−0.48***	1	−0.48***	0.02	−0.07	−0.24***	−0.21***
UR	0.69***	0.63***	0.52***	0.89***	−0.55***	1	−0.50***	0.28***	−0.38***	0.59***
DR	−0.25***	−0.20***	−0.00	−0.36***	0.05	−0.54***	1	−0.43***	0.18***	−0.30***
SR	0.50***	0.44***	0.20***	0.50***	−0.34***	0.61***	−0.49***	1	0.09	0.26***
GC	−0.44***	−0.47***	−0.23***	−0.39***	−0.12**	−0.33***	0.17***	−0.04	1	−0.54***
TRADE	0.81***	0.78***	0.34***	0.66***	−0.39***	0.76***	−0.50***	0.63***	−0.39***	1

注：相关矩阵的下半部分为皮尔逊相关系数，上半部分为斯皮尔曼相关系数。*、**和***分别表示在10%、5%和1%水平上显著。

图6-19为绿色金融和综合效率的散点图与拟合曲线，图6-20为绿色金融和能源环境效率的散点图与拟合曲线。可以看出散点图的拟合曲线斜率为正，也初步说明了绿色金融发展有助于提升绿色经济效率。

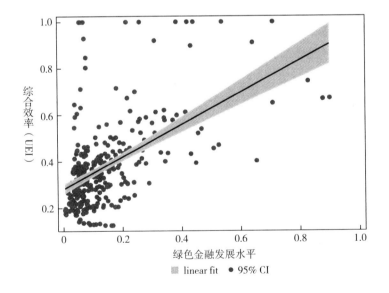

图6-19　绿色金融和综合效率的散点图

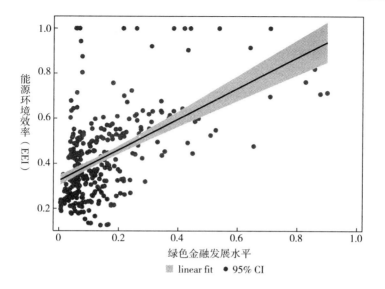

图 6-20　绿色金融和能源环境效率的散点图

第四节　绿色金融协同与绿色经济效率的实证结果分析

　　本章使用省份面板数据进行研究，由于各地区都有自己的自然、经济和社会特点，一般来说应该使用固定效应模型[①]。对于这一模型，采用最小二乘法对空间模型进行估计会造成回归参数、空间参数和标准误估计的不一致性（Lesage 和 Pace，2009），而极大似然估计能够对被解释变量空间滞后项引起的内生性问题进行控制，更为合适。不过基于传统极大似然估计方法得到的参数估计值及其分布可能是有偏的。对此，Lee 和 Yu（2010）提出了准极大似然估计（Quasi-maximum Likelihood Estimators，QML）方法，在转换法的框架下获得了对空间固定效

---

　　① 严谨起见，本书采用 Hausman 检验在固定效应模型和随机效应模型之间进行了筛选，并进一步对时间固定效应的联合显著性进行了 Wald 检验。根据 Hausman 检验结果，各模型应该采用个体固定效应的模型设定。同时，Wald 检验结果也在 1% 的显著性水平上拒绝了模型 "无时间固定效应" 的原假设。因此，本书有必要在模型中加入个体和时间双向固定效应以控制不随个体或时间而变的因素。

应模型一致的参数估计值。鉴于此，本节将采用 QML 法进行估计。

我们采用 Wald 检验来判断 SDM 的设定是否比空间滞后模型（SAR）和空间误差模型（SEM）更为合理，结果如表6-3所示。根据我们的样本数据特征，在三种空间权重矩阵的设定下，Wald 检验均在 1% 的显著水平上拒绝了 SDM 可以退化成 SAR 或 SEM 的原假设，表明 SDM 的设定是合理的。

表6-3　绿色金融发展对绿色综合效率 UEI 的影响

空间权重矩阵	(1) W1	(2) W2	(3) W3
GF	0.277 *** (5.48)	0.255 *** (5.18)	0.283 *** (5.79)
GDP	0.0116 * (2.52)	0.0134 ** (2.95)	0.0108 * (2.37)
IS	−0.00755 (−0.32)	−0.0116 (−0.50)	0.0103 (0.43)
UR	−0.349 ** (−2.68)	−0.505 *** (−3.87)	−0.498 *** (−3.88)
DR	0.287 * (2.54)	0.257 * (2.28)	0.269 * (2.41)
STATE	0.406 (1.45)	0.632 * (2.25)	0.741 ** (2.63)
GC	−0.261 *** (−4.54)	−0.348 *** (−5.64)	−0.351 *** (−5.83)
TRADE	0.467 *** (13.67)	0.461 *** (13.60)	0.476 *** (14.07)
W×GF	0.228 * (2.62)	0.140 * (2.12)	0.213 ** (2.67)
W×UEI	0.668 *** (3.87)	0.291 *** (3.33)	0.285 *** (3.35)
Wald 检验（SAR）[P 值]	3.70 [0.0545]	3.66 [0.0568]	3.79 [0.0483]
Wald 检验（SEM）[P 值]	4.66 [0.0197]	6.52 [0.0082]	5.98 [0.0145]

续表

空间权重矩阵	(1)	(2)	(3)
	W1	W2	W3
Time	Yes	Yes	Yes
Area	Yes	Yes	Yes
R^2	0.775	0.754	0.722
N	330	330	330

注：（ ）内数据为 z 值，［ ］内数据为相关检验的 P 值。＊、＊＊和＊＊＊分别表示在10%、5%和1%水平上显著。

从参数估计结果来看，在三种空间权重矩阵设定下，本地绿色金融发展水平对绿色综合效率 UEI 均具有显著的正向影响（GF 在 1%水平上显著）。并且，绿色金融发展对绿色综合效率的影响存在一定的空间溢出效应（W×GF 在10%水平上显著），即本地绿色金融发展程度的提高，会通过地理或经济上的联系，而改善其他地区的绿色综合效率。

具体而言，绿色金融发展的溢出效应可能来自资源外溢效应以及示范和学习效应。其中，资源外溢效应强调，金融资源本身不受地理边界的严格限制，本地绿色金融发展过程中会辐射周边地区，对周边地区的绿色项目、绿色企业和绿色产业形成一定的支持作用，从而惠及相邻地区的绿色发展。这种资源外溢效应一般是由金融资源丰富的地区溢出至金融资源相对缺乏的地区。随着当地绿色金融的发展，绿色金融资源供给会更加充裕，这些绿色金融资源除满足当地的绿色项目资金需求外，还会向外寻求收益更高的绿色项目，为临近区域绿色经济发展提供资金支持，从而带动临近区域绿色经济效率的提升。示范和学习效应强调，本地绿色金融发展的成功经验可以通过地区间的信息交流、官员流动、技术外溢等途径对其他地区产生示范和模仿效应，在此过程中会对"后进"地区的绿色转型发展起到推动作用。绿色金融发展较好的地区除可以为其他地区提供金融资源外，还会传递绿色金融发展的先进经验，对于"后进"地区来说，可以降低绿色发展的成本、提升绿色经济的效率。

此外我们还注意到，绿色综合效率高的地区会对周围地区产生带动作用，一个地区在不断提升自身生产技术、改进生产工艺、减少污染排放的同时必然也会带动周围地区采取类似的做法。同时相邻地区之间的信息交互、资金流通、技术分享以及人才交流的及时性和便捷性更强，对周边地区的经济发展具有更好的推动作用。

表 6-4 将被解释变量替换为能源环境效率 EEI，得到的结果与对绿色综合效率 UEI 的分析是一致的。即绿色金融发展不仅能够提升本地的能源环境效率，还会通过金融资源溢出和示范效应而对地理临近或经济临近地区的能源环境效率产生外溢效应。绿色金融发展较好的地区通过为临近地区的能源转型和发展项目提供资金支持与经验输出，有效提升了临近地区的能源利用效率。综合对表 6-3 和表 6-4 的分析可知，对于提升绿色经济效率而言，绿色金融发展具有较强的正外部性，这就要求地区之间协调和协同发展绿色金融，从而形成相互溢出、相互促进的积极局面。

表 6-4　绿色金融发展对能源环境效率 EEI 的影响

空间权重矩阵	(1) W1	(2) W2	(3) W3
GF	0.331 ***	0.301 ***	0.338 ***
	(6.01)	(5.71)	(6.54)
GDP	0.00927	0.0101 *	0.00671
	(1.86)	(2.08)	(1.38)
IS	−0.0256	−0.0262	0.00372
	(−0.99)	(−1.05)	(0.14)
UR	−0.346 *	−0.519 ***	−0.508 ***
	(−2.43)	(−3.72)	(−3.73)
DR	0.438 ***	0.400 ***	0.421 ***
	(3.54)	(3.31)	(3.55)
STATE	0.208	0.460	0.618 *
	(0.68)	(1.52)	(2.06)
GC	−0.349 ***	−0.464 ***	−0.473 ***
	(−5.58)	(−6.94)	(−7.32)
TRADE	0.459 ***	0.460 ***	0.477 ***
	(12.35)	(12.69)	(13.31)
W×GF	0.480 **	0.198 *	0.329 *
	(2.91)	(1.93)	(2.47)
W×EEI	0.606 ***	0.334 ***	0.345 ***
	(3.34)	(3.63)	(3.88)
Time	Yes	Yes	Yes

空间权重矩阵	（1）	（2）	（3）
	W1	W2	W3
Area	Yes	Yes	Yes
R^2	0.740	0.733	0.705
N	330	330	330

注：括号内数据为 z 值。＊、＊＊和＊＊＊分别表示在 10%、5%和 1%水平上显著。

第五节　研究小结

本章利用 2010~2020 年中国 30 个省份的面板数据基于 NDDF 方法测算了各地区绿色经济效率，包括绿色综合效率和能源环境效率。结果显示，我国区域绿色经济效率呈上升趋势，东部地区绿色经济效率高于中西部地区；京津冀区域中，北京绿色经济效率明显高于天津和河北。通过空间相关性发现，绿色经济效率具有明显的空间正相关性。

通过建立 SDM 空间计量模型，本章实证检验了地区绿色金融发展对绿色经济效率的影响，发现：第一，绿色金融发展能够显著提升绿色经济效率。第二，绿色金融对绿色经济效率的提升作用具有空间溢出特征。换言之，一方面，地区绿色金融发展对其他地区具有正外部性，因此地区间协同发展绿色金融具有其必要性。另一方面，地区绿色金融协同发展能够通过相互促进的外溢效应，更大程度上促进绿色经济效率的提升。

第七章 研究结论和政策建议

第一节 研究结论

本书通过考察地区绿色金融发展现状、测度绿色金融指数、分析绿色金融协同水平和问题以及探究绿色金融协同的经济后果，得到了如下主要结论：

第一，绿色金融政策推动下，我国绿色金融发展势头良好，北京绿色金融发展情况好于天津和河北。我国绿色金融发展很大程度上是由政策推动的，因此绿色金融政策比较完备，既包括规划绿色金融整体发展的纲领性政策，也有针对不同维度绿色金融业务的专门政策，其中绿色信贷方面的政策最为完善。从绿色金融实践来看，全国绿色信贷规模不断增加，增速高于其他类型贷款；北京绿色信贷主要投向节能环保项目及服务，天津绿色信贷绝对额小于北京，但增速更快。京津冀三地六大高耗能行业利息支出占比整体呈下行趋势，北京市这一占比最低，天津居中，河北省降低有限。绿色债券市场政府参与度高，以中长期为主，债券评级高，发行利率有所降低。北京和天津绿色债券发行额位居全国前列，河北居中。天津和河北绿色债券发行期限长，发行利率也高于北京。绿色股票方面，绿色上市公司主要位于东部沿海地区，分布在制造业，绝大多数为民营企业。北京的绿色上市公司数量位居全国前列，天津和河北居中，并且北京绿色股票数量超过天津和河北之和，北京绿色股票股权融资也最多。绿色公募基金数量和规模快速增长，北京绿色公募基金数量在京津冀地区占绝对优势。绿色私募基金以股权投资基金为主，北京和天津位居全国前列，河北处于倒数。绿色保险方面，在京津冀三地中，河北省环境责任险发展较早，北京环境责任险发展较晚。农业保险保费收入、偿付额和偿付率稳步提升。北京碳金融发展水平高、业务较为全面，天津和河北碳金融方面发展相对滞后。

第二，2015年后绿色金融发展加快、地区差异增加，北京明显高于天津和河北两地。我们构造了三级绿色金融指标体系，底层指标为8个反映不同维度绿色金融发展情况的具体变量。通过利用熵值法对三级指标权重进行赋值，获得了2010~2020年我国30个省份的绿色金融指数。从横截面维度来看，东部地区绿色金融水平总体而言高于其他地区，北京、广东、上海位于前三名。从时间维度来看，绿色金融指数呈不断上升趋势，2015年以后增速明显加快。2015年前，各地区绿色金融发展程度差异较小，而2015年以后，北京、上海、广东、湖北、浙江等地的发展速度明显加快，地区绿色金融发展差距加大。京津冀地区也表现出类似特点，2015年前，三地绿色金融发展程度差异较小，均处于较低水平；2015年以后，三地绿色金融指数均明显提升，但增速不同因而出现较大分化。比较各地绿色金融指数历年均值，北京位于第1，天津位于第7，河北位于第19，呈现出"北京>天津>河北"的特点。

第三，京津冀绿色金融协同虽有进展，但仍处于较低水平，存在制度、经济、技术三方面制约因素。首先，在空间计量经济学范式下，通过空间自相关检验对绿色金融协同程度进行定量分析。综合不同空间权重矩阵下的莫兰指数可知，2013年之前，绿色金融指数的空间自相关很弱，不同地区绿色金融发展没有明显的空间聚集效应；2013年之后，绿色金融指数具有较强的正空间自相关，绿色金融水平相似地区呈现集中趋势。利用局部莫兰指数分析京津冀地区绿色金融情况发现，对于北京，2014年后大部分年份与周边地区存在正向空间集聚；对于天津，2019年后才出现正向空间关联；对于河北，则基本不存在明显的空间自相关。综合而言，全国范围内绿色金融发展具有一定协同性，但京津冀三地绿色金融协同程度较低。其次，我们梳理了京津冀绿色金融协同的相关政策，目前还没有这方面的专门政策，不过京津冀三地在绿色金融的政策中均提到要深化京津冀绿色金融区域协同合作。我们还分析了金融机构支持京津冀绿色金融协同的现状。华夏银行、邮政储蓄银行等商业银行通过协调区域内分行合作，为京津冀地区的环保项目提供资金和服务。最后，我们从制度因素、经济因素、技术因素三个方面分析了制约京津冀绿色金融协同发展的因素。

第四，绿色经济效率逐渐提高但地区间差异较大，绿色金融发展会提升绿色经济效率且有空间外溢效应。首先，我们基于非径向方向距离函数 NDDF 模型，利用数学规划方法测度了绿色经济效率，包括绿色综合效率和能源环境效率。结果显示，我国地区绿色经济效率呈上升趋势，但不同省份之间存在较大差异。东部地区绿色经济效率总体而言高于其他地区，特别是上海、广东、北京三地的绿色经济效率明显高于其他地区。京津冀地区中，北京绿色经济效率相比天津和河北增长更快；绝对水平上则呈现出"北京>天津>河北"的特点，北京的绿色经济效率名列前茅；天津的绿色经济效率水平居中；河北的绿色经济效率较为落后。其次，我们测度了绿色经济效率的莫兰指数。结果显示在不同空间权重矩阵下，地区绿色经济效率均具有正的空间自相关，特别在经济距离及其复合空间权重矩阵下，莫兰指数值较大。最后，通过建立空间杜宾模型的实证分析显示，绿色金融发展能够显著提升绿色经济效率；绿色金融对绿色经济效率的提升作用具有空间溢出特征。说明地区绿色金融发展对其他地区具有正外部性，因此地区间应协同发展绿色金融。

第二节　政策建议

基于研究过程、内容及结论，本书提出如下京津冀绿色金融协同发展的提升机制：

第一，顶层设计机制，需要地方政府和金融机构做好顶层规划，制定绿色金融协同政策，完善绿色金融协同机制。

一是做好绿色金融协同发展的战略规划。首先，在组织设置方面，可以由专门的工作部门统一规划领导京津冀绿色金融协同工作。我国已经成立了京津冀协同发展领导小组，并在北京、天津、河北设置了地方小组，可以考虑在领导小组或地方小组中下设部门或安排人员负责京津冀绿色金融协同发展。其次，在战略规划方面，目前关于京津冀绿色金融协同的政策较少，并且基本仅零星分布于各地的绿色金融规划中。因此有必要出台专门的京津冀绿色金融协同政策，制定系统全面的战略发展规划，在协同推进三地绿色金融发展、优化地区间绿色金融资源配置、协同绿色金融监管等方面作出明确指示。最后，在机制安排方面，建立起有效的、常态化的信息沟通和工作协调机制，明确跨区域问题协调重点事项和责任分工。通过设置一些常规机制，比如协调三地定期举办接洽会，促进不同地区绿色金融和绿色项目的顺利对接。

二是完善绿色金融协同发展的激励政策。绿色金融激励机制的重点应当是围绕金融机构的需求，通过激励政策增加绿色金融供给。可以利用中央银行的再贷款、再贴现政策，对京津冀地区的绿色信贷、绿色债券、绿色产业投资等给予一定倾斜。比如北京推出的"京绿通"专项再贴现定向支持京津冀绿色企业签发或收受的票据，引导金融机构加大对绿色企业票据的融资支持，取得了良好效果。此外，还可以利用央行的碳减排支持工具，对金融机构对京津冀地区的碳减排贷款，按贷款本金的一定比例提供资金支持。最后可以通过出台特别的财政税收政策给予金融机构一定支持，比如对京津冀绿色建筑、新能源交通工具、碳捕捉、碳储存技术、植树造林、污水处理、垃圾发电等绿色项目增加信贷投入时，由财税政策对银行提供税务减免等政策优惠。

三是金融机构完善绿色金融同业合作机制。金融机构可以在总部层面设立京津冀绿色金融业务部门，制定绿色金融协同发展战略，并协调各地区部门的业务合作和利益分享。此外，还可以考虑设置京津冀绿色金融业务平台，推动各地区部门分享当地的绿色金融政策、绿色项目情况、绿色融资需求等信息，从而提升集体内绿色金融资源的配置效率。比如"京绿通"专项再贴现产品虽然由北京相关政府部门推出，但支持的是京津冀区域内绿色企业签发或收受的票据，因此总行部门可以协调天津、河北的分行机构和北京分行合作，充分利用政策优势，拓展绿色金融业务。绿色金融协同的典型案例华夏银行建立了京津冀公司业务合作联席会议制度，协调区域内分行合作，在三地分行间实现政府政策规划、产业规划、空间布局等营销信息共享，并通过灵活多样的方式在三地推进一体化服务。对于跨区经营受限的区域性金融机构，要充分利用自身的本土优势，积极寻求和其他地区同业机构在绿色金融领域的合作。还可以考虑由政府部门和行业协会推动成立"京津冀绿色金融联盟"，由金融机构和绿色企业参与，联盟为这些成员提供有效的资源交流平台。

四是推动金融市场创新支持京津冀绿色金融协同。首先可以考虑建立区域性的京津冀绿色金融产品交易市场，积极探索创新各种绿色金融工具的运用，包括绿色债券、绿色信贷、绿色保险、绿色供应链金融等。其次可以借鉴 2020 年 7 月由财政部、生态环境部、上海市共同发起设立的国家绿色发展基金股份有限公司，由国家相关部委牵头、京津冀地方政府共同发起设立"京津冀绿色发展基金"。政府出资部分收益可适当让利，以尽可能多地吸引社会资金，包括金融机构、民营企业等参与。同时支持成立各种以京津冀绿色发展为主题的基金。最后，抓住北京证券交易所设立机遇，提升多层次资本市场发展水平，通过服务区域内绿色创新型中小企业，促进京津冀绿色金融协同发展。

第二，利益协调机制，京津冀绿色金融协同水平与绿色金融的收益、成本和风险密切相关，提收益、减成本、降风险更有助于绿色金融资源的跨区配置，也更有利于各利益相关方成功实现成本分摊、风险分担、收益分享。具体而言：

一是提高绿色金融业务的收益，协同参与方共享利益。综合利用财政金融手段，"内部化"环境效益。对于绿色项目而言，一方面可以采用财政补贴、税收减免等方式增加绿色项目的投资和运营收益，另一方面应大力发展碳排放交易市场，增加企业节能减排的经济收益。此外，加强环境监管，严格执法，提高污染生产和消费活动的成本。通过提高排污成本降低绿色项目成本，实现企业环境效益内生化。对于绿色金融业务而言，如绿色信贷，一方面可以进行贷款贴息，按照实际利息的合适比例给予企业贴息；另一方面可以对商业银行进行财政金融业务倾斜，将积极投放绿色信贷的商业银行作为财政资金业务的合作银行。金融机构在协同开展京津冀绿色金融业务的过程中，根据各方贡献，确定收益分配比例，实现互利共赢。

二是减少绿色金融业务的成本，协同参与方共摊成本。首先，健全绿色金融规则标准，降低金融机构业务成本。监管部门应该制定绿色金融业务标准和细则，为金融机构提供更明确的操作指引，提高业务效率、降低业务成本。其次，完善信息披露制度、构建信息分享渠道，降低金融机构的信息成本。规范企业环境信息披露标准，搭建环保部门和金融机构的信息共享和交流平台，帮助金融机构获取更全面的企业环保信息。最后，促进绿色债券市场发展，降低金融机构的资金成本。通过完善绿色债券认证、鼓励绿色投资机构参与，使积极开支绿色金融业务的机构能通过绿色贴标从资本市场获取低成本资金。金融机构在协同开展京津冀绿色金融业务的过程中，对于产生的成本进行合理分摊，降低各参与方的财务压力。

三是降低绿色金融业务的风险，协同参与方共担风险。首先，建立信用风险共担机制。按照实际融资金额损失的合适比例给予金融机构补贴，按照担保机构承担的代偿金额的合适比例给予担保机构补偿。其次，金融机构提供长期绿色融资支持，降低期限错配和流动性风险。可以采取的措施包括中央银行为商业银行释放长期流动性；推进绿色金融资产证券化，加快金融机构资金回笼和周转等。最后，提高环保标准、强化环保执法，促使金融机构加强环境风险管理，降低对"两高一剩"行业的融资、提高对绿色项目的资金配置力度。此外，还要引导金融机构加强绿色金融的风险管理，尤其是金融机构应该开展一些气候和环境变化相关的压力测试。金融机构在协同开展京津冀绿色金融业务的过程中，要及时分享信息从而尽早识别、处置风险，并根据责任分配承担风险。

第三，技术保障机制，顺利推进京津冀绿色金融协同还需要为绿色金融业务的跨区运营扫除一些"技术障碍"，提供一些"技术保障"。

一是加强环境信息披露。环境信息披露不完全是阻碍绿色金融协同的重要因素。因此，应进一步完善绿色信息披露机制。对于企业而言，构建明确、可量化、与国际接轨的绿色信息披露指标体系。对于绿色债券而言，明确绿色债券发行人所需的披露内容、指标体系、披露形式、监管措施等。针对金融机构，逐步建立银行业金融机构、证券投资机构、股权投资机构的半强制绿色信息披露制度，并建立持续性考核体系，严格监督绿色资金使用方向和影响结果，确保绿色资金真正有效地扶持绿色产业。

二是建立数据共享机制和环境气候信息平台。目前各级政府及相关部门、第三方机构和企业之间的绿色信息共享机制尚未建立，仍存在严重的信息不对称问题。信息共享包括三个层面：一是政府层面，绿色金融合作专责小组可以通过工作会议等形式，定期沟通预测金融工作的开展情况。二是金融监管层面，京津冀三地金融监管部门以后可以深化合作，推进绿色金融数据的跨境综合统计，分享与绿色金融相关的监管信息。三是金融机构及市场层面，京津冀区域内的大型商业银行、证券机构等定期编制发布绿色金融发展相关的行业报告。另外，不同层面主体也应做好信息共享，一方面，监管机构应协调地方政府相应部门建立合理的数据共享机制，在不泄露关键保密信息的情况下开放部分数据，为绿色投资者和相关机构在投资决策中提供有效的数据支撑，引导更多资金流向京津冀地区的绿色产业。另一方面，可由金融监管机构牵头，金融机构、行业协会和学术机构等配合，共同推动建立开放式的环境气候风险信息平台，为京津冀地区金融机构的环境风险管理提供更准确、有效的指导。

三是统一绿色金融标准体系。京津冀地区开展绿色金融合作需要统一绿色标准，一方面是绿色项目的标准，明确一致的标准有助于提高绿色资金对相关产业的可及性，减少"漂绿""假绿"现象。另一方面是绿色业务的标准。监管部门和行业协会可以根据国内外绿色金融发展的成熟经验，制定绿色金融业务标准和细则，为金融机构提供更明确的操作指引，提高协同效率、降低协同成本。从短期来看，政府相关部门或需首先建立各类金融产品的统一界定标准，为各类绿色金融产品健康、可持续投放奠定基础；从中长期来看，政府部门有必要建立系统性的绿色金融体系框架，降低不同类别金融产品在核心绿色界定标准上的差异，促进各类金融产品均衡发展、真正弥合绿色产业投融资缺口。标准体系建立起来以后，要着手推动京津冀三地的互认或者对接。

四是构建京津冀绿色项目库。在已有的绿色产业目录、绿色信贷指引及绿色债券目录等绿色金融相关标准上，建立完善、动态更新的绿色项目库，为京津冀三地的企业和金融机构提供对接平台。在项目来源方面，应紧扣京津冀协同发展总体布局从绿色升级产业中遴选相应绿色项目。在入库标准方面，应建立绿色项目评价指标体系，认真核实客户项目，重点关注项目环境效益，防范"洗绿"风险。对于企业而言，可以根据自身融资需求，申请录入绿色项目库。对于金融机构而言，可以结合自身业务优势，选择合适的绿色项目提供金融服务。企业绿色项目库可以帮助解决企业的绿色分类、等级评价、ESG 信息披露管理、全生命周期动态追踪等重点问题，成为银行贷前调查、贷中审查和贷后检查的重要帮手。需要强调的是，金融机构谨防只关注项目绿色程度而忽视项目营利性。在多个绿色项目之间进行比选时，应首先将环境效益转化为环境收益，在此基础上综合考虑项目环境收益和项目经济收益。

五是重视绿色金融科技的应用。根据《金融科技（FinTech）发展规划（2019-2021 年）》对金融科技的定义和《构建绿色金融体系的指导意见》对绿色金融的定义，绿色金融科技是指运用大数据、云计算、人工智能等科学技术，为服务于支持环境改善、应对气候变化和资源节约高效利用的经济活动提供技术支撑，即利用金融科技工具提升环保、低碳、节能、清洁能源等领域的项目投融资、项目运营、风险管理金融服务能力，提升绿色金融可持续发展水平。金融机构应努力提高对金融机构环境风险和绿色项目环境效益的测量精度；精准定位资金供给端的投资偏好和需求端的实际需要，有效降低绿色金融业务的信息不对称程度；借助绿色金融科技保障绿色项目库的高质量建设，通过对积累的绿色项目数据进行深度学习，从人工筛选逐步过渡到人工智能自主筛选入库项目，缩短入库审批周期。另外，可以通过建设京津冀金融科技小镇打造全链条式的金融科创生态体系，着力聚焦创新资源开放共建共享，建设京津冀绿色金融科技创新共同体。

参考文献

[1] 白钦先. 再论以金融资源论为基础的金融可持续发展理论——范式转换、理论创新和方法变革 [J]. 国际金融研究, 2000 (2): 7-14.

[2] 蔡海静, 汪祥耀, 谭超. 绿色信贷政策、企业新增银行借款与环保效应 [J]. 会计研究, 2019 (3): 88-95.

[3] 曹廷求, 张翠燕, 杨雪. 绿色信贷政策的绿色效果及影响机制——基于中国上市公司绿色专利数据的证据 [J]. 金融论坛, 2021, 26 (5): 7-17.

[4] 陈淡泞. 中国上市公司绿色债券发行的股价效应 [J]. 山西财经大学学报, 2018, 40 (S2): 35-38.

[5] 陈福中, 蒋国海. 金融协同对区域产业布局的影响研究——兼论京津冀与长江经济带产业布局的金融协同效应 [J]. 兰州学刊, 2020 (1): 90-108.

[6] 陈琪. 中国绿色信贷政策落实了吗——基于"两高一剩"企业贷款规模和成本的分析 [J]. 当代财经, 2019 (3): 118-29.

[7] 陈诗一. 中国各地区低碳经济转型进程评估 [J]. 经济研究, 2012 (8): 32-44.

[8] 陈伟光, 卢丽红. 中国商业银行绿色信贷外部障碍与环境风险管理框架的构建 [J]. 广东金融学院学报, 2011, 26 (3): 66-76.

[9] 陈小荣, 尹继志, 刘洁, 孙忠艳. 区域金融协同发展测度及协同机制构建研究——基于京津冀地区省级面板数据的实证分析 [J]. 金融发展研究, 2020 (5): 50-55.

[10] 陈幸幸, 史亚雅, 宋献中. 绿色信贷约束、商业信用与企业环境治理 [J]. 国际金融研究, 2019 (12): 13-22.

[11] 单豪杰. 中国资本存量 K 的再估算: 1952~2006 年 [J]. 数量经济技

术经济研究，2008，25（10）：17-31.

［12］翟爱梅，马芳原，罗伟卿．区域金融一体化的阶段水平与发展轨迹的测度方法［J］．数理统计与管理，2013，32（5）：883-895.

［13］丁杰，胡蓉．区域性环境规制与绿色信贷政策的有效性——基于重污染企业信贷融资视角［J］．软科学，2020，34（12）：61-67.

［14］杜莉，周津宇．政府持股比例与金融机构资源配置的"绿色化"——基于银行业的研究［J］．武汉大学学报（哲学社会科学版），2018，71（3）：107-116.

［15］方建国，林凡力．我国绿色金融发展的区域差异及其影响因素研究［J］．武汉金融，2019（7）：69-74.

［16］方菊香，何丽君．商业银行绿色信贷策略分析［J］．中国金融，2013（7）：68.

［17］傅亚平，彭政钦．绿色金融发展，研发投入与区域经济增长——基于省级面板门槛模型的实证［J］．统计与决策，2020（21）：120-124.

［18］高杰英，游蕊．长三角和京津冀区域金融一体化分析：信贷的扩散与极化［J］．经济与管理研究，2015，36（7）：60-67.

［19］高晓燕，高歌．绿色信贷规模与商业银行竞争力的关系探究［J］．经济问题，2018（7）：15-21.

［20］高勇强，陈亚静，张云均．"红领巾"还是"绿领巾"：民营企业慈善捐赠动机研究［J］．管理世界，2012（8）：106-14+46.

［21］谷瑞，周宇函．基于F-H模型的京津冀金融协同发展程度测量［J］．商业经济研究，2016（1）：205-206.

［22］顾雷雷，郭建鸾，王鸿宇．企业社会责任、融资约束与企业金融化［J］．金融研究，2020（2）：109-127.

［23］郭芳芳．我国贷款人环境法律责任制度构建［J］．南方金融，2021（2）：88-99.

［24］郭晔，房芳．新型货币政策担保品框架的绿色效应［J］．金融研究，2021（1）：91-110.

［25］何凌云，吴晨，钟章奇，祝婧然．绿色信贷、内外部政策及商业银行竞争力——基于9家上市商业银行的实证研究［J］．金融经济学研究，2018，33（1）：91-103.

［26］贺正楚，刘思思，周永生．绿色金融、融资效率和产业链企业价值［J］．财经理论与实践，2022，43（3）：26-33.

［27］胡朝举．区域经济一体化背景下粤东金融一体化问题研究——基于与珠三角差距的比较分析［J］．兰州学刊，2018（6）：159-171.

［28］胡荣才，张文琼．开展绿色信贷会影响商业银行盈利水平吗？［J］．金融监管研究，2016（7）：92-110.

［29］黄国平，方龙．推动金融服务长三角高质量发展［J］．中国金融，2020（14）：92-93.

［30］景维民，张璐．环境管制，对外开放与中国工业的绿色技术进步［J］．经济研究，2014，49（9）：34-47.

［31］康书生，杨镈宇．京津冀区域金融协同发展的理论探讨与实证检验［J］．河北经贸大学学报，2016，37（6）：112-118.

［32］康雯，吴云霞．绿色金融、融资约束内在机理与反融资约束效应［J］．经济问题探索，2022（6）：124-133.

［33］雷博雯，时波．绿色信贷对商业银行绩效与流动性风险的影响［J］．金融理论与实践，2020（3）：26-31.

［34］李建，窦尔翔．绿色金融发展的现实困境与塔福域治理模式构建［J］．福建论坛（人文社会科学版），2020（8）：113-125.

［35］李晶玲．京津冀区域金融发展现状及存在问题研究［J］．华北金融，2015（9）：26-30.

［36］李俊强，刘燕．京津冀金融一体化、地方保护与经济发展［J］．经济体制改革，2016（2）：61-68.

［37］李亮，李晓红．高质量发展背景下绿色金融纳入央行MPA考核的制度设计与实证分析［J］．管理学刊，2019，32（4）：32-40.

［38］李敏，王雷．京津冀循环经济与绿色金融耦合协调发展研究［J］．工业技术经济，2022，41（5）：72-77.

［39］李戎，刘璐茜．绿色金融与企业绿色创新［J］．武汉大学学报（哲学社会科学版），2021，74（6）：126-140.

［40］李苏，贾妍妍，达潭枫．绿色信贷对商业银行绩效与风险的影响——基于16家上市商业银行面板数据分析［J］．金融发展研究，2017（9）：72-77.

［41］李伟，韩立岩．外资银行进入对我国银行业市场竞争度的影响：基于

Panzar-Rosse 模型的实证研究 [J]. 金融研究, 2008 (5): 87-98.

[42] 李文增. 京津冀金融协同发展的对策建议 [J]. 港口经济, 2014 (5): 21-23.

[43] 李新功, 朱艳平. 绿色信贷政策对重污染企业债务成本的影响——基于 PSM-DID 模型的实证研究 [J]. 会计之友, 2021 (3): 41-47.

[44] 李雨婕, 肖黎明. 中国绿色金融网络空间结构特征及影响因素分析——基于企业—城市网络转译模型的视角 [J]. 世界地理研究, 2021, 30 (1): 101-113.

[45] 李毓, 胡海亚, 李浩. 绿色信贷对中国产业结构升级影响的实证分析——基于中国省级面板数据 [J]. 经济问题, 2020 (1): 72-77.

[46] 李喆. 基于储蓄—投资相关性的京津冀金融一体化的现状分析 [J]. 中国管理科学, 2012, 20 (S2): 869-872.

[47] 连莉莉. 绿色信贷影响企业债务融资成本吗?——基于绿色企业与"两高"企业的对比研究 [J]. 金融经济学研究, 2015, 30 (5): 83-93.

[48] 梁怀民. 区域金融协调推动环渤海区域经济一体化 [J]. 中国科技投资, 2013 (26): 9.

[49] 廖筠, 胡伟娟, 杨丹丹. 绿色信贷对银行经营效率影响的动态分析——基于面板 VAR 模型 [J]. 财经论丛, 2019 (2): 57-64.

[50] 林伯强, 杜克锐. 要素市场扭曲对能源效率的影响 [J]. 经济研究, 2013 (9): 125-136.

[51] 林键, 范从来, 蔡欣磊. 长三角金融一体化: 实践, 绩效与推进路径——基于银行信贷聚合视角 [J]. 江海学刊, 2020 (2): 89-97+254.

[52] 刘宏海, 魏红刚. 绿色金融: 问题和建议——以京津冀协同发展为案例 [J]. 银行家, 2016 (12): 44-46.

[53] 刘宏海. 绿色金融助推京津冀协同发展 [J]. 银行家, 2017 (12): 22-24.

[54] 刘磊. 绿色金融撬动京津冀协同 [J]. 前线, 2022 (5): 56-59.

[55] 刘强, 王伟楠, 陈恒宇. 《绿色信贷指引》实施对重污染企业创新绩效的影响研究 [J]. 科研管理, 2020, 41 (11): 100-112.

[56] 刘姝雯, 刘建秋, 阳旸, 杨胜刚. 企业社会责任与企业金融化: 金融工具还是管理工具? [J]. 会计研究, 2019 (9): 57-64.

［57］刘霞，何鹏．绿色金融在中部地区经济发展中的影响效应研究［J］．工业技术经济，2019，38（3）：76-84.

［58］刘欣．京津冀区域金融发展研究［J］．合作经济与科技，2010（11）：66-68.

［59］刘志红，曹俊文．节能环保企业规模与产权性质对技术创新的影响——基于江西省的调查数据［J］．科技管理研究，2018，38（5）：135-141.

［60］刘忠璐，王鹏英．绿色信贷对商业银行盈利的影响研究［J］．山东工商学院学报，2019，33（2）：22-31.

［61］刘传江，张劭辉，李雪．绿色信贷对地区绿色全要素生产率的影响研究——基于中国省级面板数据的实证检验［J］．南京社会科学，2023（3）：28-39.

［62］刘昊．绿色信贷、风险管理文化与商业银行高质量发展［J］．财经理论与实践，2021，42（5）：2-8.

［63］刘常建，许为宾，蔡兰，张孝静．环保压力与重污染企业的银行贷款契约——基于"PM2.5爆表"事件的经验证据［J］．中国人口·资源与环境，2019，29（12）：121-130.

［64］卢亚娟，刘骅．基于引力熵模型的科技金融区域协同发展研究——以长三角地区为例［J］．上海经济研究，2019（1）：81-88+128.

［65］陆菁，鄢云，王韬璇．绿色信贷政策的微观效应研究——基于技术创新与资源再配置的视角［J］．中国工业经济，2021（1）：174-192.

［66］陆小成．论新常态下城市低碳发展与公共治理转型［J］．社会主义研究，2016（2）：92-99.

［67］马俊．国际绿色金融发展与案例研究［M］．北京：中国金融出版社，2017.

［68］马亚明，胡春阳，刘鑫龙．发行绿色债券与提升企业价值——基于DID模型的中介效应检验［J］．金融论坛，2020，25（9）：29-39.

［69］马妍妍，俞毛毛．绿色信贷能够降低企业污染排放么？——基于双重差分模型的实证检验［J］．西南民族大学学报（人文社科版），2020，41（8）：116-127.

［70］马骏．国际绿色金融发展与案例研究［M］．北京：中国金融出版社，2017.

[71] 马秋君，刘文娟．基于绿色信贷的我国商业银行环境风险管理体系研究 [J]．中国人口·资源与环境，2013，23（S2）：264-267．

[72] 麦均洪，徐枫．基于联合分析的我国绿色金融影响因素研究 [J]．宏观经济研究，2015（5）：23-37．

[73] 孟科学，马晓雨，魏霄．商业银行绿色金融实施的管理者效应与政策启示 [J]．华东经济管理，2018，32（3）：44-51．

[74] 孟科学，严清华．绿色金融与企业生态创新投入结构优化 [J]．科学学研究，2017，35（12）：1886-1895．

[75] 苗建青，苗建春．关于日本银行界在融资过程中环境风险控制的研究 [J]．国际金融研究，2008（2）：10-16．

[76] 宁金辉，王敏．绿色债券能缓解企业"短融长投"吗？——来自债券市场的经验证据 [J]．证券市场导报，2021（9）：48-59．

[77] 牛桂敏．健全京津冀城市群协同绿色发展保障机制 [J]．经济与管理，2017，31（4）：17-19．

[78] 牛海鹏，张夏羿，张平淡．我国绿色金融政策的制度变迁与效果评价——以绿色信贷的实证研究为例 [J]．管理评论，2020，32（8）：3-12．

[79] 潘海英，朱忆丹，新夫．ESG表现与企业金融化——内外监管双"管"齐下的调节效应 [J]．南京审计大学学报，2022，19（2）：60-69．

[80] 齐明，徐静，谢孟桐，曹洁维．京津冀区域金融一体化发展水平测度研究——基于区域金融一体化及其城市间关联强度的分析 [J]．价格理论与实践，2021（3）：150-153．

[81] 乔琴，樊杰，孙勇，宋邱惠．"一带一路"沿线省域绿色金融测度及影响因素研究 [J]．工业技术经济，2021，40（7）：120-126．

[82] 权小锋，吴世农，尹洪英．企业社会责任与股价崩盘风险："价值利器"或"自利工具"？[J]．经济研究，2015，50（11）：49-64．

[83] 邵传林，闫永生．绿色金融之于商业银行风险承担是"双刃剑"吗——基于中国银行业的准自然实验研究 [J]．贵州财经大学学报，2020（1）：68-77．

[84] 邵帅，范美婷，杨莉莉．经济结构调整、绿色技术进步与中国低碳转型发展——基于总体技术前沿和空间溢出效应视角的经验考察 [J]．管理世界，2022，38（2）：46-69+4-10．

[85] 沈璐，廖显春．绿色金融改革创新与企业履行社会责任——来自绿色金融改革创新试验区的证据 [J]．金融论坛，2020，25 (10)：69-80.

[86] 斯丽娟，姚小强．绿色金融改革创新与区域产业结构生态化——来自绿色金融改革创新试验区的准自然实验 [J]．学习与探索，2022 (4)：129-138.

[87] 苏冬蔚，连莉莉．绿色信贷是否影响重污染企业的投融资行为？[J]．金融研究，2018 (12)：123-137.

[88] 孙光林，王颖，李庆海．绿色信贷对商业银行信贷风险的影响 [J]．金融论坛，2017，22 (10)：31-40.

[89] 孙红梅，姚书淇．商业银行经营风险与财务绩效——基于绿色业务影响的视角 [J]．金融论坛，2021，26 (2)：37-46.

[90] 孙焱林，施博书．绿色信贷政策对企业创新的影响——基于 PSM-DID 模型的实证研究 [J]．生态经济，2019，35 (7)：87-91+160.

[91] 陶茜．绿色信贷对银行绩效的影响机制探讨 [J]．宏观经济管理，2016 (5)：47-50.

[92] 滕云，高辉．基于 PSM-DID 模型的绿色信贷政策、融资约束与企业投资效率的关系研究 [J]．成都理工大学学报（社会科学版），2020，28 (6)：52-60.

[93] 田皓森，温雪．金融一体化的区域经济高质量增长效应——基于全国 12 个重点城市群的实证研究 [J]．宏观经济研究，2021 (11)：139-148+175.

[94] 田利辉，王可第．社会责任信息披露的"掩饰效应"和上市公司崩盘风险——来自中国股票市场的 DID-PSM 分析 [J]．管理世界，2017 (11)：146-157.

[95] 屠红洲，屠金光．从风险偏好管理视角探析我国银行业发展绿色信贷之建议 [J]．新金融，2018 (4)：38-42.

[96] 王保辉．绿色信贷、企业社会责任披露与债务融资成本——基于 2011—2017 年 A 股上市重污染企业的实证研究 [J]．金融理论与实践，2019 (7)：47-54.

[97] 王兵，刘光天．节能减排与中国绿色经济增长——基于全要素生产率的视角 [J]．中国工业经济，2015 (5)：57-69.

[98] 王军，付莎．金融一体化与城市群经济协调发展 [J]．财经科学，2020 (10)：80-92.

［99］王康仕，孙旭然，王凤荣．绿色金融、融资约束与污染企业投资［J］．当代经济管理，2019a，41（12）：83-96．

［100］王康仕，孙旭然，王凤荣．绿色金融发展、债务期限结构与绿色企业投资［J］．金融论坛，2019b，24（7）：9-19．

［101］王康仕，孙旭然，张林曦，王凤荣．金融数字化是否促进了绿色金融发展？——基于中国工业上市企业的实证研究［J］．财经论丛，2020（9）：44-53．

［102］王丽娜．绿色金融支撑京津冀协同发展研究［J］．天津师范大学学报：社会科学版，2021（2）：96-101．

［103］王倩，李昕达．绿色债券对公司价值的影响研究［J］．经济纵横，2021（9）：100-108．

［104］王文静，何泰屹，武慧敏，等．京津冀绿色金融发展综合评价及影响因素研究——基于 DEA－Tobit 模型的实证分析［J］．华北金融，2021（1）：28-41．

［105］王馨，王营．绿色信贷政策增进绿色创新研究［J］．管理世界，2021，37（6）：173-188．

［106］王琰，张鑫．深化京津冀金融协同发展［J］．中国金融，2014（20）：68-69．

［107］王艳丽，类晓东，龙如银．绿色信贷政策提高了企业的投资效率吗？——基于重污染企业金融资源配置的视角［J］．中国人口·资源与环境，2021，31（1）：123-133．

［108］王遥，潘冬阳．中国经济绿色转型中的金融市场失灵问题与干预机制研究［J］．中央财经大学学报，2015（11）：29-34．

［109］王遥．气候金融［M］．北京：中国经济出版社，2013．

［110］魏楚，杜立民，沈满洪．中国能否实现节能减排目标：基于 DEA 方法的评价与模拟［J］．世界经济，2010（3）：141-160．

［111］邬晓霞，李青．京津冀区域金融一体化进程的测度与评价［J］．广东社会科学，2015（5）：34-40．

［112］吴金旺，顾洲一．长三角地区数字普惠金融一体化实证分析——基于函数型主成分分析方法［J］．武汉金融，2019（11）：23-28+44．

［113］吴育辉，田亚男，陈韫妍，徐倩．绿色债券发行的溢出效应、作用机

理及绩效研究［J］．管理世界，2022，38（6）：176-193．

［114］武立东，周亚拿．媒体关注、制度压力与银行绿色贷款［J］．财经论丛，2019（12）：44-54．

［115］谢乔昕，张宇．绿色信贷政策、扶持之手与企业创新转型［J］．科研管理，2021，42（1）：124-134．

［116］谢乔昕．环境规制、绿色金融发展与企业技术创新［J］．科研管理，2021，42（6）：65-72．

［117］熊晓炼，樊健．"一带一路"沿线省域金融生态系统协同演化机制与水平差异——基于哈肯模型的实证分析［J］．工业技术经济，2021，40（12）：58-65．

［118］杨镈宇．京津冀区域金融协同发展水平评价及政策建议——兼论国内外区域金融协同发展经验借鉴［D］．保定：河北大学，2016．

［119］杨蕾，唐飞．构筑"雄安质量"的绿色金融11223创新路径［J］．中国科技论坛，2020（3）：110-117．

［120］杨柳勇，张泽野，郑建明．中央环保督察能否促进企业环保投资？——基于中国上市公司的实证分析［J］．浙江大学学报（人文社会科学版），2021，51（3）：95-116．

［121］姚明龙．绿色债券发行利率折价因素实证分析［J］．浙江金融，2017（8）：55-59．

［122］易金平，江春，彭祎．绿色金融发展现状与优化路径——以湖北省为例［J］．华中农业大学学报（社会科学版），2014（4）：112-118．

［123］尹子擘，孙习卿，邢茂源．绿色金融发展对绿色全要素生产率的影响研究［J］．统计与决策，2021（3）：139-144．

［124］余冯坚，徐枫．空间视角下广东省绿色金融发展及其影响因素——基于固定效应空间杜宾模型的实证研究［J］．科技管理研究，2019，39（15）：63-70．

［125］俞毛毛，马妍妍．绿色金融政策与地区出口质量提升——基于绿色金融试验区的合成控制分析［J］．中国地质大学学报：社会科学版，2022，22（2）：123-141．

［126］张峰，肖文东．京津冀产业转移与承接的金融支持问题分析［J］．商业经济研究，2015（35）：90-91．

［127］张建鹏，陈诗一．金融发展、环境规制与经济绿色转型［J］．财经研究，2021，47（11）：78-93.

［128］张琳，廉永辉，赵海涛．绿色信贷和银行财务绩效的动态交互影响关系——基于中国29家商业银行的实证研究［J］．上海金融，2019（4）：31-39.

［129］张琳，廉永辉．绿色信贷、银行异质性和银行财务绩效［J］．金融监管研究，2019（2）：43-61.

［130］张琳，赵海涛．企业环境、社会和公司治理（ESG）表现影响企业价值吗？——基于A股上市公司的实证研究［J］．武汉金融，2019（10）：36-43.

［131］张木林，赵魁．基于空间溢出效应的绿色金融与企业全要素生产率关系研究［J］．技术经济，2021，40（5）：64-72.

［132］张婷，李泽辉．"碳达峰，碳中和"目标下绿色金融的减排效应及其作用机制分析［J］．华北金融，2022（3）：49-58.

［133］张婷婷．京津冀金融一体化程度的实证研究［J］．技术经济与管理研究，2017（10）：49-58.

［134］张颖，吴桐．绿色信贷对上市公司信贷融资成本的影响——基于双重差分模型的估计［J］．金融与经济，2018（12）：8-12.

［135］张颖熙．区域金融发展与金融一体化问题研究——基于中国的实证与分析［J］．中央财经大学学报，2007（5）：33-37.

［136］张玉．区域绿色金融发展水平评价体系［J］．时代金融，2016（11）：35+47.

［137］赵进文，苏明政．劳动力市场分割、金融一体化与巴拉萨—萨缪尔森效应——基于省际面板平滑转换模型的检验［J］．金融研究，2014（1）：16-28.

［138］赵娜．绿色信贷是否促进了区域绿色技术创新？——基于地区绿色专利数据［J］．经济问题，2021（6）：33-39.

［139］赵天骄，肖翔，张冰石．企业社会责任对资本配置效率的动态影响效应——基于公司治理视角的实证研究［J］．山西财经大学学报，2018，40（11）：66-80.

［140］郑群哲．中国碳金融发展水平测度及影响因素分析［J］．技术经济与管理研究，2022（2）：75-79.

［141］郑志丹．京津冀协同发展背景下金融聚集的溢出效应——基于长三角、珠三角空间面板的对比分析［J］．经济管理，2016（3）：33-44.

［142］中国人民银行贵阳中心支行青年课题组，任丹妮．政策推动还是市场驱动？——基于文本挖掘技术的绿色金融发展指数计算及影响因素分析［J］．西南金融，2020（4）：78-89.

［143］周海鹏，李媛媛．区域金融协同创新测度与分析——以京津冀为例［J］．天津大学学报（社会科学版），2016，18（3）：237-242.

［144］周京奎，白极星．京津冀公共服务一体化机制设计框架［J］．河北学刊，2017，37（1）：130-135.

［145］周茂清，王雁飞．市场失灵、政府介入与金融秩序优化——G20视域下的国际金融治理［J］．学术交流，2021（5）：93-102.

［146］朱朝晖，谭雅妃．契约监管与重污染企业投资效率——基于《绿色信贷指引》的准自然实验［J］．华东经济管理，2020，34（10）：74-86.

［147］朱向东，周心怡，朱晟君，黄海峰．中国城市绿色金融及其影响因素——以绿色债券为例［J］．自然资源学报，2021，36（12）：3247-3260.

［148］左川，乔智，王亚童．金融基础设施对长三角金融一体化的影响——基于金融效率的视角［J］．南通大学学报：社会科学版，2021，37（6）：37-50.

［149］左振秀，崔丽，朱庆华．中国实施绿色信贷的障碍因素［J］．金融论坛，2017（9）：48-57+80.

［150］Aintablian S, Mcgraw P A, Roberts G S. Bank Monitoring and Environmental Risk［J］. Journal of Business Finance & Accounting, 2007, 34（1-2）：389-401.

［151］Albuquerque R, Koskinen Y, Zhang C. Corporate Social Responsibility and Firm Risk：Theory and Empirical Evidence［J］. Management Science, 2019, 65（10）：4451-4469.

［152］Azmi W, Hassan M K, Houston R, et al. ESG Activities and Banking Performance：International Evidence from Emerging Economies［J］. Journal of International Financial Markets, Institutions and Money, 2021（70）：101277.

［153］Baden D A, Harwood I A, Woodward D G. The Effect of Buyer Pressure on Suppliers in SMEs to Demonstrate CSR Practices：An Added Incentive or Counter Productive？［J］. European Management Journal, 2009, 27（6）：429-441.

［154］Barko T, Cremers M, Renneboog L. Shareholder Engagement on Environmental, Social, and Governance Performance［J］. Journal of Business Ethics, 2021

（2）：1-36.

[155] Benlemlih M, Bitar M. Corporate Social Responsibility and Investment Efficiency [J]. Journal of Business Ethics, 2018, 148 (3): 647-671.

[156] Berger A N, El Ghoul S, Guedhami O, et al. Internationalization and Bank Risk [J]. Management Science, 2017, 63 (7): 2283-2301.

[157] Bhandari A, Javakhadze D. Corporate Social Responsibility and Capital Allocation Efficiency [J]. Journal of Corporate Finance, 2017 (43): 354-377.

[158] Bhuiyan M B U, Nguyen T H N. Impact of CSR on Cost of Debt and Cost of Capital: Australian Evidence [J]. Social Responsibility Journal, 2019, 16 (3): 419-430.

[159] Bocquet R, Le Bas C, Mothe C, et al. CSR, Innovation, and Firm Performance in Sluggish Growth Contexts: A Firm-level Empirical Analysis [J]. Journal of Business Ethics, 2017, 146 (1): 241-254.

[160] Bolton P, Kacperczyk M T. Carbon Premium Around the World [R]. Working Paper, 2020.

[161] Borghesi R, Houston J F, Naranjo A. Corporate Socially Responsible Investments: CEO Altruism, Reputation, and Shareholder Interests [J]. Journal of Corporate Finance, 2014 (26): 164-181.

[162] Bouslah K, Kryzanowski L, M' zali B. Social Performance and Firm Risk: Impact of the Financial Crisis [J]. Journal of Business Ethics, 2018, 149 (3): 643-669.

[163] Breuer W, Müller T, Rosenbach D, et al. Corporate Social Responsibility, Investor Protection, and Cost of Equity: A Cross - country Comparison [J]. Journal of Banking & Finance, 2018 (96): 34-55.

[164] Broadstock D C, Chan K, Cheng L T, et al. The Role of ESG Performance during Times of Financial Crisis: Evidence from COVID - 19 in China [J]. Finance Research Letters, 2021 (38): 101716.

[165] Buchanan B, Cao C X, Chen C. Corporate Social Responsibility, Firm Value, and Influential Institutional Ownership [J]. Journal of Corporate Finance, 2018 (52): 73-95.

[166] Chung Y H, Färe R, Grosskopf S. Productivity and Undesirable

Outputs: A Directional Distance Function Approach [J]. Journal of Environmental Management, 1997, 51 (3): 229-240.

[167] Cooper E W, Uzun H. Corporate Social Responsibility and the Cost of Debt [J]. Journal of Accounting & Finance, 2015, 15 (8): 2158-3625.

[168] Cui Y, Geobey S, Weber O, et al. The Impact of Green Lending on Credit Risk in China [J]. Sustainability, 2018, 10 (6): 1-16.

[169] Deng L, Xu W, Luo J. Optimal Loan Pricing for Agricultural Supply Chains from a Green Credit Perspective [J]. Sustainability, 2021, 13 (22): 12365.

[170] El Ghoul S, Guedhami O, Kim H, et al. Corporate Environmental Responsibility and the Cost of Capital: International Evidence [J]. Journal of Business Ethics, 2018, 149 (2): 335-361.

[171] El Ghoul S, Karoui A. Does Corporate Social Responsibility Affect Mutual Fund Performance and Flows? [J]. Journal of Banking & Finance, 2017 (77): 53-63.

[172] Finger M, Gavious I, Manos R. Environmental Risk Management and Financial Performance in the Banking Industry: A Cross - country Comparison [J]. Journal of International Financial Markets, Institutions and Money, 2018 (52): 240-261.

[173] Flammer C. Corporate Green Bonds [J]. Journal of Financial Economics, 2021, 142 (2): 499-516.

[174] Freeman R E. Strategic Management: A Stakeholder Approach [M]. Cambridge university press, 2010.

[175] Fukuyama H, Weber W L. A Directional Slacks-based Measure of Technical Inefficiency [J]. Socio-Economic Planning Sciences, 2009, 43 (4): 274-287.

[176] Gao L, Zhang J H. Firms' Earnings Smoothing, Corporate Social Responsibility, and Valuation [J]. Journal of Corporate Finance, 2015 (32): 108-127.

[177] Garriga E, MeléD. Corporate Social Responsibility Theories: Mapping the Territory [J]. Journal of business ethics, 2004, 53 (1): 51-71.

[178] Gillan S, Hartzell J C, Koch A, et al. Firms' Environmental, Social and Governance (ESG) Choices, Performance and Managerial Motivation [R].

Working Paper, 2010.

［179］Goetz M R, Laeven L, Levine R. Does the Geographic Expansion of Banks Reduce Risk? ［J］. Journal of Financial Economics, 2016, 120 (2): 346-362.

［180］Gorton G, Winton A. Banking in Transition Economies: Does Efficiency Require Instability? ［J］. Journal of Money, Credit and Banking, 1998, 30 (3): 621-650.

［181］Hamrouni A, Boussaada R, Toumi N B F. Corporate Social Responsibility Disclosure and Debt Financing ［J］. Journal of Applied Accounting Research, 2019, 20 (4): 394-415.

［182］Heinkel R, Kraus A, Zechner J. The Effect of Green Investment on Corporate Behavior ［J］. Journal of Financial and Quantitative Analysis, 2001, 36 (4): 431-449.

［183］Hemingway C A, Maclagan P W. Managers' Personal Values as Drivers of Corporate Social Responsibility ［J］. Journal of business ethics, 2004, 50 (1): 33-44.

［184］Hong H, Kacperczyk M. The Price of Sin: The Effects of Social Norms on Markets ［J］. Journal of Financial Economics, 2009, 93 (1): 15-36.

［185］Jagannathan R, Ravikumar A, Sammon M. Environmental, Social, and Governance Criteria: Why Investors Should Care ［J］. J. Invest. Manag, 2018 (16): 18-31.

［186］Jones R, Murrell A J. Signaling Positive Corporate Social Performance: An Event Study of Family-friendly Firms ［J］. Business & Society, 2001, 40 (1): 59-78.

［187］Kaas L. Financial Market Integration and Loan Competition: When Is Entry Deregulation Socially Beneficial? ［R］. European Central Bank Working Paper, 2004.

［188］Kim Y, Li H, Li S. Corporate Social Responsibility and Stock Price Crash Risk ［J］. Journal of Banking & Finance, 2014 (43): 1-13.

［189］Laeven L, Levine R. Is There a Diversification Discount in Financial Conglomerates? ［J］. Journal of Financial Economics, 2007, 85 (2): 331-367.

［190］Lee L-F, Yu J. Estimation of Spatial Autoregressive Panel Data Models with Fixed Effects ［J］. Journal of Econometrics, 2010, 154 (2): 165-185.

［191］ Lee S. Role of Social and Solidarity Economy in Localizing the Sustainable Development Goals ［J］. International Journal of Sustainable Development & World Ecology, 2020, 27 (1): 65-71.

［192］ Lesage J, Pace R K. Introduction to Spatial Econometrics ［M］. Orange: Chapman and Hall/CRC, 2009.

［193］ Levine R. Foreign Banks, Financial Development, and Economic ［J］. International Financial Markets: Harmonization Versus Competition, 1996 (35): 224-255.

［194］ Lin B, Du K. Energy and CO_2 Emissions Performance in China's Regional Economies: Do Market - oriented Reforms Matter? ［J］. Energy Policy, 2015 (78): 113-124.

［195］ Lin K, Peng M Y P, Anser M K, et al. Bright Harmony of Environmental Management Initiatives for Achieving Corporate Social Responsibility Authenticity and Legitimacy: Glimpse of Hotel and Tourism Industry ［J］. Corporate Social Responsibility and Environmental Management, 2021, 28 (2): 640-647.

［196］ Lins K V, Servaes H, Tamayo A. Social Capital, Trust, and Firm Performance: The Value of Corporate Social Responsibility during the Financial Crisis ［J］. The Journal of Finance, 2017, 72 (4): 1785-1824.

［197］ Mathuva D M, Kiweu J M. Cooperative Social and Environmental Disclosure and Financial Performance of Savings and Credit Cooperatives in Kenya ［J］. Advances in accounting, 2016 (35): 197-206.

［198］ Mithani M A. Innovation and CSR—Do They Go Well Together? ［J］. Long Range Planning, 2017, 50 (6): 699-711.

［199］ Montiel P J. Macroeconomics in Emerging Markets ［M］. Ambricdge: Cambridge University Press, 2011.

［200］ Moran P A. Notes on Continuous Stochastic Phenomena ［J］. Biometrika, 1950, 37 (1/2): 17-23.

［201］ Nandy M, Lodh S. Do Banks Value the Eco-friendliness of Firms in Their Corporate Lending Decision? Some Empirical Evidence ［J］. International Review of Financial Analysis, 2012 (25): 83-93.

［202］ Pagano M. Financial Markets and Growth: An Overview ［J］. European

Economic Review, 1993, 37 (2-3): 613-622.

［203］Parsley D C, Wei S-J. Limiting Currency Volatility to Stimulate Goods Market Integration: A Price Based Approach ［R］. National Bureau of Economic Research Working Paper, 2001.

［204］Pastor L, Stambaugh R F, Taylor L A. Dissecting Green Returns ［R］. National Bureau of Economic Research Working Paper, 2021.

［205］Pfeffer J, Salancik G: A Resource Dependence Perspective on Intercorporate Relations ［M］. Cambridge: Cambridge University Press, 1978.

［206］Raimo N, Caragnano A, Zito M, et al. Extending the Benefits of ESG Disclosure: The Effect on the Cost of Debt Financing ［J］. Corporate Social Responsibility and Environmental Management, 2021, 28 (4): 1412-1421.

［207］Samet M, Jarboui A. How Does Corporate Social Responsibility Contribute to Investment Efficiency? ［J］. Journal of Multinational Financial Management, 2017 (40): 33-46.

［208］Samuelson P A. The Transfer Problem and Transport Costs: The Terms of Trade When Impediments Are Absent ［J］. The Economic Journal, 1952, 62 (246): 278-304.

［209］Schiller C. Global Supply-chain Networks and Corporate Social Responsibility ［C］. 13th Annual Mid-Atlantic Research Conference in Finance (MARC) Paper, 2018.

［210］Scholtens B, Dam L. Banking on the Equator. Are Banks that Adopted the Equator Principles Different from Non-adopters? ［J］. World Development, 2007, 35 (8): 1307-1328.

［211］Servaes H, Tamayo A. The Impact of Corporate Social Responsibility on Firm Value: The Role of Customer Awareness ［J］. Management science, 2013, 59 (5): 1045-1061.

［212］Sharfman M P, Fernando C S. Environmental Risk Management and the Cost of Capital ［J］. Strategic Management Journal, 2008, 29 (6): 569-592.

［213］Siegel D S, Vitaliano D F. An Empirical Analysis of the Strategic Use of Corporate Social Responsibility ［J］. Journal of Economics & Management Strategy, 2007, 16 (3): 773-792.

[214] Taliento M, Favino C, Netti A. Impact of Environmental, Social, and Governance Information on Economic Performance: Evidence of a Corporate 'Sustainability Advantage' from Europe [J]. Sustainability, 2019, 11 (6): 1738.

[215] Thompson P, Cowton C J. Bringing the Environment into Bank Lending: Implications for Environmental Reporting [J]. The British Accounting Review, 2004, 36 (2): 197-218.

[216] Wang F, Yang S, Reisner A, et al. Does Green Credit Policy Work in China? The Correlation Between Green Credit and Corporate Environmental Information Disclosure Quality [J]. Sustainability, 2019, 11 (3): 733.

[217] Weber O. Environmental Credit Risk Management in Banks and Financial Service Institutions [J]. Business Strategy and the Environment, 2012, 21 (4): 248-263.

[218] Yeh C-C, Lin F, Wang T-S, et al. Does Corporate Social Responsibility Affect Cost of Capital in China? [J]. Asia Pacific Management Review, 2020, 25 (1): 1-12.

[219] Yoon B, Lee J H, Byun R. Does ESG Performance Enhance Firm Value? Evidence from Korea [J]. Sustainability, 2018, 10 (10): 3635.

[220] Zhang N, Zhou P, Choi Y. Energy Efficiency, CO2 Emission Performance and Technology Gaps in Fossil Fuel Electricity Generation in Korea: A Meta-frontier Non-radial Directional Distance Function Analysis [J]. Energy Policy, 2013 (56): 653-662.

[221] Zhao C, Guo Y, Yuan J, et al. ESG and Corporate Financial Performance: Empirical Evidence from China's Listed Power Generation Companies [J]. Sustainability, 2018, 10 (8): 2607.

[222] Zhou P, Ang B, Wang H. Energy and CO_2 Emission Performance in Electricity Generation: A Non-radial Directional Distance Function Approach [J]. European Journal of Operational Research, 2012, 221 (3): 625-635.

[223] Ziolo M, Bak I, Cheba K. The Role of Sustainable Finance in Achieving Sustainable Development Goals: Does It Work? [J]. Technological and Economic Development of Economy, 2021, 27 (1): 45-70.